한글학술도서 ❸

이주시대의 언어

포스트모더니티와 언어교육

이주시대의 언어 현실과 정책

접촉지대의 언어들

포스트모더니티와
언어교육

예측 불가능 시대의 언어 규범

수레쉬 카나가라자(펜실베니아 주립대학교 교수)

　　포스트모던 시대의 언어에 대해 이야기해 달라는 요청을 받았다. 포스트모더니티에 나타나는 삶의 세 가지 특징에 주의를 기울이면서 이야기를 시작하려고 한다.

　　14세기 무렵에 시작된 유럽의 모더니티는 과학적이고 논리정연한 방식으로 진리를 발견하려는 목표로 갖고 있었다. 이러한 목표를 달성하기 위해 모더니티는 탐구 대상을 분리해 독립적으로 다루는 방식을 취하였다. 이를테면 언어는 사회, 문화, 물질 생활로부터 분리되어 언어 자체에 내재하는 기본적인 문법 구조로 그 범위가 축소되었다. 이러한 자율독립성은 언어를 더 쉽게 분석하고 설명할 수 있게 만들어주었다. 이와 같은 탐구 방법론을 통해 보편적인 것으로 인정되는 법칙과 규범에 힘이 실리게 되었다. 그리하여 하나의 언어로 의사소통을 원활하게 하는 규범적인 방법이 존재하고, 모든 사람이 같은 방식으로 말할 때에만 언어가 이해될 것이라는 믿음이 등장하였다.

하지만 최근 들어 모더니티에 대한 반발이 일고 있다. 학자들은 탐구 대상이 다양한 사회적, 물질적, 역사적, 지리적 상황과 얽혀 있음을 깨닫게 되었다. 이러한 이유로 인해 언어, 문화, 사회 생활에도 많은 다양성이 존재한다는 사실을 아울러 깨닫게 되었다. 심지어 동일한 언어인 영어조차도 영국, 미국, 호주 같은 원어민과 인도, 중국, 한국 같은 비원어민이 다르게 사용하는 것이다.

세계화, 이민, 초국가적 관계와 같은 여타의 지정학적 발전과 더불어, 이러한 다양성은 의사소통에 대한 새로운 도전 과제를 만들어내었다. 우리는 우리와 달리 말하는 사람들과 항상적으로 교류한다. 이런 이유 때문에 이번 강연은 예측 불가능이라는 주제에 초점을 맞추게 되었다. 우리 모두가 공통적이거나 통일된 규범을 갖고 있지 않을 때 어떻게 의사소통을 해야 할까?

불행하게도 수많은 언어 교사들은 여전히 언어 규범(規範)이 존재한다고 믿는다. 필자의 전공 분야인 다중언어(multilingual) 사용자를 위한 영어 교육에 초점을 맞추어 보겠다. 일부 영어 교사들은 다중언어를 구사하는 학생들에게 자신들의 모국어 문법 규범을 사용하도록 권장하는 일은 학생들의 성공에 해로울 것이라고 우려한다. 학생들이 성공하기 위해서는 우위를 차지하고 있고 지배적인 지위에 있는 언어의 규범을 익혀야 한다고 생각하기 때문이다.

이들의 주장은 널리 알려진 두 가지 가정에 기초하고 있다. 첫 번째는 우위를 차지한 언어와 그 언어의 문자 규범이 의사소통의 의미와 이해력을 결정한다는 것이다. 두 번째는 직업 정신에서 발현된 것이다. 학생들이 지배적인 언어에 능숙해지고 성공하도록 이끌기 위해서는 확립된 규범에 대한 지식을 소개하고 가르쳐주는 것이 어학 교사의 업무라는 믿음이다.

이 글에서는 규범이 정적이고 획일적일 뿐 아니라, 성공적인 의사소통을 위한 재조율이나 다양화 측면에서 개방적이지 않다는 가정을 살펴본다. 필자가 직접 가르치는 수업의 사례를 통해 이에 대한 논점을 설명하겠다. 필자의 수업에 참여한 학생들은 자신들의 목소리와 목적에 맞게 창의적으로 지배적인 학문적 규범을 재조율하는 방법을 보여주었다.

1. 이론적 맥락

우선 언어 규범에 대한 필자의 관점을 소개하겠다. 이를 명료하게 이해할 수 있도록 비슷한 그림 두 가지를 보여주고 싶다.

첫 번째 그림은 신호등의 역설(Traffic Light Paradox)이다. 이 역설은 구조주의 언어학에서 널리 사용되었다. 개별 기능의 세부사항이 서로 다르더라도 체계 또는 패턴이 얼마나 일관성 있게 나타날 수 있는지를 보여준다. 다음의 이미지를 생각해 보자.

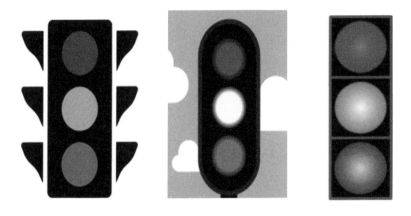

그림에서 알 수 있듯이 세 가지 세트의 신호등 이미지에서 빨강, 노랑, 초록은 저마다 밝기나 질감이 다르다. 첫 번째 신호등의 빨간색은 다른 신호등의 빨간색보다 약간 더 어둡다. 하지만 그렇다고 해서 그 사실이 우리가 거리에서 빨간색 신호를 지키지 않아도 되는 변명의 구실이 될 수는 없다. 중요한 것은 각 신호등의 세 가지 색깔이 하나의 체계로 함께 구성되어 메시지를 일관성 있는 규범으로 만들어주는 패턴이다.

신호등의 사례에서 규범에 대한 다음의 세 가지 논점을 도출할 수 있다. 첫째는 어떤 글이나 행위도 이상화된 규범과 완전히 닮지는 않는다는 것이다. 실행의 모든 결과는 해당 규범의 근사치일 뿐이다. '표준 영어(Standard English)'라는 개념은 단지 이상화에 불과하다. 우리 모두가 '표준 영어'를 준거의 틀로 채택한다고 해서 우리의 글이 정형화되거나 비슷해 보인다는 의미는 아니다. 우리는 우리의 목소리와 관심사에 맞추어 '표준 영어'를 다르게 받아들이고 있다.

둘째, 우리가 표준화된 규범에 가까이 다가가려 하면서 효과를 위해 약간의 변화를 주더라도 사람들이 우리의 글을 이해할 수 없게 되는 것은 아니다. 우리는 때때로 표현 효과를 높이기 위해 규범에 반하는 일을 한다. 사실 작가는 수사학적 목적을 위해 영어로 작성된 글에 자신의 모국어 또는 이를 대체할 수 있는 다른 언어의 특성을 담을 수 있다. 이에 대해서는 '코드 엮기'(Young 2009)나 '교차언어 수행'(Canagarajah 2013)을 연구한 학자들이 증명한 바 있다. 약간의 차이가 존재함에도 불구하고 그 글은 하나의 장르로서 함께 유지될 것이고, 작품의 나머지 부분을 더 넓은 문맥으로 이해할 수 있게 해줄 것이다.

셋째, 따라서 확립된 언어 규범을 우리의 틀로 채택한다고 해서 다양성의 여지가 전혀 없다는 의미는 아니다. 규범을 준수한다고 모든 글이 틀에 박히고 똑같아 보이는 것은 아니다. 마찬가지로, 우리가 '표준 영어'를 사용한다고 해서 우리가 하는 말이 모두 아이폰의 인공지능 시리(Siri)와 같이 로봇 어투로 들리지는 않는다! 우리는 다양한 목적을 표현하기 위해 각자의 개별적인 방식으로 '표준'을 받아들인다. 신호등의 역설에 힘입어 우리는 규범이 의사소통 방식을 획일화하는 것은 아니라는 점을 알게 되었다. 다음에 보여주는 제논의 화살의 역설(Zenon's Arrow Paradox)을 통해 우리는 규범이 변화해 감을 알 수 있다. 또한 우리는 규범을 사회적으로 구축하는 일에 참여할 수 있다. 다음과 같이 화살표가 목표물 쪽으로 이동하는 이미지를 생각해 보자.

고대 그리스 철학자 제논의 주장은 다음과 같다. 만약 화살이 이동하면서 특정 위치와 시간을 차지하고 있는 것이라면, 그 화살의 움직임은 환상에 불과하다는 것이다. 즉, 실제로는 화살이 그 위치가 아닌 다른 위치에 정지해 있다는 이야기다. 미적분학에 밝은 사람은 이 역설을 풀 수 있을 것이다. 변변치 않은 글쓰기 교수로서 필자가 할 수 있는 말은, 화살은 어느 지점에 존재하는 동시에 이동하기도 한다는 것이다.

　이러한 비유를 통해 우리는 의사소통 규범과 관련하여 문법적, 수사학적 규범이 결코 고정불변이 아니라는 점을 이해할 수 있다. 각각의 규범이 그 지점에 이르기까지는 상당한 정도의 진행 과정과 변화를 거쳐야 했다. 사실 언어의 변화는 멈추는 법이 없다. 글을 쓰거나 의사소통을 할 때마다 우리가 채택한 규범에는 새로운 내용이 추가된다. 이처럼 바뀔 수 있는 비슷한 표현이나 변용(變容)을 우리가 받아들이면 규범도 변화한다. 그러므로 규범이 고정불변일 때는 '지금 이 순간'뿐이다. 만일 그렇지 않았더라면, 역사 전반에 걸쳐 학술적 장르와 '표준 영어'가 극적으로 변화해 온 현실을 설명할 수 없을 것이다.

　그렇다고 해서 화살이 날아가는 동안 일어난 규범의 변화가 무의미하다는 이야기는 아니다. 목소리나 수사학적 효과 때문에 규범에서 살짝 벗어난 글쓰기 행위라도 사람들이 이해를 못하는 것은 아니다. 그 글 전체 속에 담겨 있는 다른 특징들이 글의 성격을 하나로 묶어주며, 주의 깊고 예민하며 관대한 독자들에게 일관성을 전해 준다.

　기업명인 제록스(Xerox)가 어떻게 해서 이를테면 제록스하기(xeroxing), 제록스된(xeroxed)과 같은 움직임을 나타내는 동사가 되었는지 생각해 보자. 오래도록 미국의 글쓰기 교사들은 이런 동사를 비공식적이고 비표준적인 동사로 여겼다. 그러나 표현하고 싶은 욕구 때문에 규범을 어기며 그 낱말을 동사로 만들어 쓰기 시작한 사람들이 있었다. 결국 그 동사는 받아들여지게 되었다. 이제 그런 동사들은 틀린 것으로 취급되지 않는다.

새로운 표준화가 이루어지려면 누군가가 규범을 깨뜨리고 새로운 가능성을 제시해야 한다. 제논의 화살을 보면, 우리에게는 화살이 발사되는 모습과 화살이 과녁에 도달한 모습만 보인다. 과녁에 이르기 위해 이동하는 중간 단계는 보이지 않는다. 마찬가지로 틀렸다고 판정된 것이 중간 단계에서 의미 있게 사용됨으로써 시간이 지남에 따라 규범으로 자리 잡는 경우도 있다.

2. 교육적 맥락

이제부터는 필자가 진행하는 글쓰기 수업 중의 하나에서 이러한 깨달음이 실제로 어떻게 작동하는지를 설명하려고 한다. 수업에 참여하는 학생들은 여러 나라 출신으로 구성되어 있고, 사용하는 언어도 제각각이다. 우리가 수업에 도입한 규범에는 상당한 다양성이 존재한다. 우리의 수업에서 일어난 상황은 예측 불가능한 규범이 어떻게 공유되고, 의미를 갖추고, 새로운 규범이 되어가는

지를 보여준다.

 게다가 이 사례를 통해 우리는 다중언어를 구사하는 학생들의 의사소통을 원활히 해줄 목적으로 규범을 따르게 할 필요는 없다는 사실을 확인할 수 있다. 학생들은 서로에게서 규범을 공동으로 구성하는 방법을 배우는 경우가 많다. 사실 학생들의 다양성은 그들이 새로운 의미를 주고받으며 발전시키는 새로운 실천의 자원이 될 수 있다.

 여기서 보여주는 사례는 학부생과 석사과정 학생 모두를 대상으로 한 '제2외국어 글쓰기 교육' 수업에서 일어난 것이다. 이 수업은 향후에 학생들이 글쓰기를 가르칠 수 있도록 준비시키기 위해 마련한 교원 양성 과정이다. 필자는 수업에서 학생들이 직접 글을 써보는 것이 중요한 교육적 자원이자 직업적인 준비라고 생각한다.

 수업에서 진행하는 핵심 활동은 한 학기 동안에 걸쳐 학생 각자의 읽기/쓰기 능력이 발전해 온 과정을 자서전으로 쓰는 것이다 (Canagarajah 2020 참조). 《리터러시 자서전(*literary autobiography*)》은 해당 수업의 안팎에서 다양한 학습 경험을 통해 시간이 지남에 따라 자신들의 읽기/쓰기 능력과 숙련도가 어떻게 발전했는지를 보여준다.

 다중언어를 쓰는 학생들의 글 속에는 자신들이 읽기/쓰기 능력을 향상시키기 위한 과정에서 겪어야 했던 언어적 충돌, 정체성,

그리고 글쓰기 규범을 조율하는 경험이 녹아들곤 한다. 수업에 참여하는 학생의 절반쯤은 대체로 국제적인 배경을 가진 학생들이고, 나머지 절반은 영미권 학생으로 이루어져 있다. 따라서 수업 활동은 자연스레 우리 모두를 언어와 글쓰기에 대한 다양성의 세계로 이끌어준다. 필자는 이 수업의 다양성을 교육적 자원이라고 판단하고 있다.

학생들이 지니고 있는 다양한 언어적 배경과 수사학적인 관행은 이 수업을 진정한 '접촉 지대(contact zone)'로 만든다(Prat 1991). 곧 강의실이 다양한 언어와 리터러시 능력이 만나는 공간이 되어, 이 접촉에서 새로운 인식, 실천, 그리고 글이 나오도록 만들어주는 것이다. 이러한 조율을 통해 서로가 배울 수 있도록, 필자 또한 협력과 과정을 중시하는 교육적 상호작용을 강조하고 있다.

모든 학생은 수업 웹사이트의 공유 폴더에 각자의 원고 초안을 올려야 한다. 학생들은 다른 학생들이 쓴 원고를 읽고 수정에 도움이 되는 피드백을 제공하게 된다. 학생별로 최소한 여섯 번에 걸친 원고 작성, 친구들의 평가, 수정하기를 거치는 게 일반적이다. 뿐만 아니라 학생들은 수업 웹사이트에 주간 일지를 작성해 올려야 한다.

주간 일지는 각자가 느낀 글쓰기의 어려움, 다른 학생의 원고에서 배운 교훈, 그리고 본인의 글을 어떻게 수정할 것인지 하는 계획을 반영해 작성해야 한다. 친구들과 함께 서로의 원고를 평가하고 토론하면서, 학생들은 다른 친구들이 저마다의 문화와 지역 사회의 전통에서 가져온 다양한 글쓰기 관습 및 언어 규범을 이해하고 조율해야겠다는 동기부여를 형성하게 된다.

그렇기 때문에 이러한 교수법은 학생들과 교육자의 비판적 성찰을 촉진하게 된다. 학생들은 저마다의 리터러시 자서전을 서술하는 한편, 자신의 정체성을 표현하기 위한 전략을 채택하고, 서로서로 상대방의 글을 읽고 각자의 견해를 제안하게 된다. 필자 역시 학생들의 글을 읽으면서 학생들이 지니고 있는 다양한 글쓰기 전통을 이해하게 되고, 그들이 서로 의사소통하기 위해 조율하는 방식에 대해 배운다.

3. 수업의 실제

학생들이 다양한 언어 규범을 조율해 공통의 의미를 만들어낸 사례를 이야기하려고 한다. 이번 사례는 루스(Ruth)라는 영미권 학생의 원고 초안에서 시작된다. 자서전 초안에서 루스는 어릴 적부터 자신이 배워 온 읽기와 쓰기에 대해 1인칭 시점에서 선형적 서술(linear narrative: 시간 순서 또는 기승전결 등 정해진 규칙/리듬을 따르는 서술 구조-옮긴이)로 작성하였다. 그런데 2차 원고에서는 서술 구조를 바꿨다.

루스는 좀 더 창의적인 시도에 나섰다. 루스는 거두절미하고 자신이 어렸을 때 가장 좋아했던 아동문학의 한 구절로 글을 시작했다. 이 글은 한 가지의 단일 글꼴로 작성되었다. 이어지는 뒷부분에서 루스는 글꼴을 바꿔서 자기 가족의 상황을 1인칭 시각으로 서술했다. 그런 다음에 구획을 나누는 구분선을 긋고, 글꼴을 변경해 자신이 좋아했던 다른 아동문학의 한 구절을 인용했다. 루스는 자신이 체득하고 있던 읽기/쓰기 이력에서 나오는 짤막한 글이 특징을 이루는 비선형적 글쓰기를 이어나가면서, 계속해서 글꼴을 바꾸고 구획 구분선을 그었다. 다음은 루스가 작성한 2차 원고의 첫 단락이다.

아름다움을 찾아서

저녁이 되자 앨리스는 할아버지 무릎 위에 앉아서 할아버지가 들려주는 먼 곳의 이야기를 들었다. 할아버지가 이야기를 마치면 앨리스는 이렇게 말하곤 했다.

"나도 크면 먼 곳으로 갈래요. 어른이 되면 바닷가에서 살래요."

"그거 아주 괜찮구나, 꼬마 앨리스야. 하지만 네가 꼭 해야 할 세 번째 일이 있단다."

할아버지는 말했다.

"그게 뭐죠?"

앨리스가 물었다.

"세상을 더 아름답게 만들기 위한 무언가를 해야 해."

할아버지가 말했다.

"좋아요."

앨리스가 말했다. 하지만 그녀는 그게 무엇인지는 알지 못했다.

그럭저럭 시간이 지나 앨리스는 일어나서 세수하고 아침으로 오트밀 죽을 먹었다. 그녀는 학교에 다녀온 다음 숙제를 했다.

그리고 그녀는 이내 어른이 되었다.

－쿠니(*Cooney 1982, p.6*)

나중에 럼피우스 양(Miss Rumphius)이 되는 앨리스의 이야기를 엄마가 읽어주면 나는 엄마에게 더 바짝 다가간다. …

~~~~~~~~~~~~~~~~~

의자에 앉아 있는 내 얼굴은 민망함에 서서히 붉어진다.

"아니야."

내가 대답한다.

"이 책은 전화번호부가 아니야. 《호빗(*The Hobbit*)》이야."

2학년 급우들은 어리둥절한 표정이다.

이 책을 가져오지 말았어야 했는데.

~~~~~~~~~~~~~~~~~

"껍질에 황금빛이 감도는 갈색 빵 덩어리들과 견과류를 넣은 빵, 귀리 케이크가 촛불에 빛나고 있었다. 뜨거운 치즈와 버섯 플랑(파이의 일종-옮긴이), 신선한 봄 샐러드 사이에는 옥수수 경단을 섞어 보리와 근대(beet) 이파리로 만든 모락모락 김이 나는 수프 접시가 띄엄띄엄 놓여 있었다. 향신료를 곁들인 과일음료와 민들레 차를 담은 음료수병들은 배와 밤을 넣어 구운 파이, 사과 크림 푸딩, 야생 체리와 아몬드로 장식한 두 개의 큼직한 케이크와 자리를 다투었다."

<div align="right">-자크(Jacques, p.45~46)</div>

~~~~~~~~~~~~~~~~~

나는 집 소파에 웅크리고 앉아서 《더 롱 패트롤(*The Long Patrol*)》(청소년용 판타지 소설. '롱 패트롤'은 토끼로 구성된 정예 군단의 명칭임-옮긴이) 속의 맛깔나는 낱말을 하나하나 음미한다.

≪≪≫≫

우리 어머니는 도서관 사서이며, 부모님 모두 지독한 독서광이었다. 그래서 우리집에는 항상 소설, 그림책, 잡지, 신문, 사전류, 만화책, 전기, 신학 책이 잔뜩 쌓여 있었다.

루스의 문체는 당시 모든 학생들이 쓰고 있던 1인칭 시점의 선형적 서술이라는 익숙한 서술 관행에는 맞지 않는 것이었다. 그런 까닭에 일부 학생들은 루스의 글을 이해하는 데 혼란을 겪었다. 창(Chang)은 대만 출신의 학생이었다. 창은 루스의 자서전을 평가하는 글에서 처음에는 루스가 무슨 말을 하고 있는 것인지 혼란스러웠다고 썼다. 창은 우리 수업 웹사이트에 다음과 같은 의견을 남겼다.

안녕, 루스. 나는 네가 자서전에 이탤릭체(Italics)를 포함한 서로 다른 여러 글꼴을 사용하는 점에 눈길이 갔어. 처음에는 혼란스러웠어. 그러다가 네가 왜 그렇게 했을지 짐작해 보았지. 워드프로세서가 갖고 있는 기능을 활용해 다른 목소리로 자신을 표현하는 모습에 놀라움을 느끼게 되더군. 하지만 나의 추측이 맞는지 확신이 가지 않으니 확인해 주면 좋겠어.

이탤릭체 '북맨 올드 스타일(Bookman Old Style)' 글꼴로 적은 문단은 확실히 이야기책에서 발췌되었더군. 정자체 '북맨 올드 스타일' 글꼴을 사용한 문단과 '타임스 뉴 로만(Times New Roman)' 글꼴을 사용한 문단이 있는 이유는 잘 모르겠어. 하지만 네 자서전을 다 읽고 난 다음에 보니 정자체 '북맨 올드 스타일' 글꼴 부분은 어린 시절의 루스 너의 목소리인 것 같더라. 맞니? 내 추측이 맞다면, 시공간(時空間)을 횡단하는 너의 서술 기법이 정말 재미있었다고 말해야겠다.

−(PC, 10/15)

파격적인 구조 탓에 어려움을 겪었음에도 불구하고, 창은 루스의 글을 해석하기 위해 끈기 있게 행간과 문맥을 읽으려고 노력한 것으로 보인다. 그는 루스가 다른 목소리를 표현하기 위해 새로운 수사학 기법을 활용하는 전략을 썼다고 결론짓는다. 그리고 어떤 글꼴이 어떤 목소리를 나타내는지에 대해 나름대로의 해석을 내놓는다. 창은 심지어 이 글의 장르에 스스로 '시공간 횡단 서술'이라는 이름을 붙이기도 한다.

루스의 독특한 서술 기법은 이내 다른 학생들에게 도움이 되었다. 다른 몇몇 학생들이 자신들의 글을 집필하면서 수사학적으로 보완할 점을 찾고 있었던 것이다. 영어를 모어로 사용하는 캐나다인 학생 마이클(Michael)은 자신들은 '설명하기보다 보여주는' 방법을 찾고 있었다고 주간 일지에 적었다.

마이클은 영어를 가르치기 위해 한국을 방문한 적이 있었다. 그는 처음에 다른 사람들이 자신에게 한국어로 말을 걸어 왔을 때 겪었던 혼란을 극적으로 표현해 보고 싶었다. 마이클은 이에 대한 수사학적 돌파구를 찾았다고 다음과 같이 주간 일지에서 말하고 있다.

나는 나의 리터러시 자서전을 작성하는 데 약간의 돌파구를 찾았다. … 또한 몇몇 다른 학생들(아마도 루스나 캐시?)이 사용한 다른 글꼴을 사용해 다른 목소리를 표현하는 방식도 시도해 볼 생각이다.

−(J, 10/26)

마이클은 루스가 채택한 글쓰기 전략이 '다른 목소리'를 표현하는 데 도움이 될 것이라고 느낀다. 그는 루스에게서 다른 목소리를 표현하기 위해 서로 다른 글꼴과 구획 구분선을 활용하는 법을 배운다.

그 후에 작성한 원고에서 마이클은 자신이 직접 설명하는 부분의 글꼴을 '캘리브리(Calibri)'에서 '브래들리 핸드 ITC(Bradley Hand ITC)'로 변경하였다. 자신이 한국에서 겪은 일을 서술한 다음과 같은 부분이 이에 해당한다.

그 선생님은 두 팔로 자신의 몸을 꼭 감싸 안으며 "날씨가 아주 추워요(nalshiga aju chewuyo)"라고 천천히 말했다. 나는 그녀를 이해할 수 있다는 듯이 얼굴에 고통스러운 표정을 지으며 그녀를 바라보았다. 그녀는 또다시 "날씨가 아주 추워요(nalshiga aju chewuyo)"라는 말을 반복하더니, 이번에는 덜덜 떨었다. 나는 머리가 점점 더 아파오는 것을 느끼며 멍하니 그녀를 바라보았다.

−(D6)

The teacher clutched herself and slowly said "nalshiga aju chewuyo." I stared at her knowing that I had a pained expression on my face and will myself to understand her. "Nalsiga aju chewuyo" she repeated and this time she shivered as well. I stared at her blankly feeling a growing headache come upon me.

-(D6)

　마이클이 글을 다양성 있게 서술하는 데서 루스보다 한 걸음 더 나아간 것을 주목해 보자. 마이클은 자신이 한국에서 맞닥뜨린 다른 사람의 목소리를 대변하기 위해 이야기 서술 속에 한국어를 도입하였다. 루스는 영어를 여러 가지 방식으로 표현했을 뿐, 다양한 언어를 사용하지는 않았다. 고맙게도 마이클은 우리가 문맥 속에서 자신이 사용한 한국어의 의미를 이해할 수 있도록 충분한 문자 단서를 제공한다. 우리는 그가 우리를 돕기 위해 제시한 몸동작을 비롯한 문맥적 세부정보를 통해 그 한국어의 의미를 추론할 수 있다.

　우리 모두는 루스의 사례와 그에 대한 창의 해석 전략을 경험했기에 마이클의 '시공간 횡단 서술' 장르를 이해할 수 있었다. 창과 마찬가지로 글에 들어 있는 단서들을 통해 문맥 속에서 한국어가 어떤 의미로 사용되었는지를 해석하는 것이다.

　마이클은 나중에 작성한 글에서 이 글의 장르와 수사학적 관습을 이론화하는 방향으로 발걸음을 내디뎠다. 사회언어학자들은 이를 거시화용론(metapragmatic) 논평, 즉 사람들이 사용하는 커뮤니케이션 전략에 대한 재귀적(再歸的) 설명이라고 부른다(Wortham & Reyes 2015). 마이클은 다음과 같이 썼다.

이 분석에서 사용하는 글꼴은 한국에서의 경험을 분석하는 북미 거주 대학원생인 나의 목소리이다. 다른 글꼴을 사용하고 게다가 의도적으로 소설 같은 문체로 표현함으로써, 나 스스로를 한국에서의 경험과 행동으로부터 거리를 두었다. 지금의 나 자신이 여전히 한국에 있던 시절에 대해 알아가는 중이기 때문에 이렇게 해보았다.

-(D12)

　　그는 "다른 글꼴을 사용하고 게다가 의도적으로 소설 같은 문체로 표현함으로써, 나 스스로를 한국에서의 경험과 행동으로부터 거리를 두었다"고 설명한다. 이처럼 스스로의 전략을 보여주면서 분석하는 언급을 통해 그는 독자들이 영어로 쓰인 글에 나타난 이런 파격적인 문체와 다중언어 사용의 목적을 더욱 잘 파악할 수 있게 해준다.

　　얼마 지나지 않아 이 같은 전략은 같은 수업을 듣는 다른 학생들에게도 공통된 규범이 되었다. 동일한 전략을 채택한 다른 두 학생의 사례를 보여주겠다. 첫 번째는 사우디아라비아 출신 학부생인 부타이나(Buthainah)의 글이다. 부타이나 역시 처음에는 1인칭 선형 서술로 원고를 작성했다. 하지만 나중에 작성한 글에서는 리터러시 능력이 발전하면서 비선형적 표현 형식을 채택하였다. 부타이나가 쓴 단락 중의 하나를 살펴보자.

~◈~◈~◈~

و من طلب العلى سهر الليالى	بقدر الكد تقتسم المعالى
يغوص البحر من طلب اللآلى	يروم العز كيف ينام ليلا
أضاع العمر في طلب المحال	و من رام العلى من غير كدّ
علي بن ابى طالب	

초등학교 4학년이 되었을 때, 나는 커뮤니케이션 동아리(Communication Club)에 몹시 들어가고 싶어 하였다. 그 동아리에 가입한 학생들은 전교생 앞에서 발표할 기회를 가질 수 있었다. 그런데 동아리 담당 선생님은 관심을 표명한 지원자들에게 영양(營養)을 주제로 하는 에세이를 제출하도록 요구하였다. 동아리에 들어갈 수 있는 인원을 제한하기 위해서였다.

그 동아리에 가입하고 싶은 열망이 강했기 때문에, 나는 기꺼이 평가용 글을 작성해 제출하였다. 커뮤니케이션 동아리의 회원이 되어 얻게 될 지식은 내게 큰 도움이 될 것이라고 생각했다. 그 글쓰기 경연은 내가 성공을 거둔 여러 글쓰기 대회 가운데 첫 대회였다. 마샤 알라(ma sha Allah: 아랍어로 '신의 뜻대로'라는 뜻-옮긴이). 그 주 후반에, 동아리 담당 선생님이 내게 합격했다고 알려주었다. 합격 소식을 들은 나는 커뮤니케이션 동아리의 일원이 된다는 사실에 뛸 듯이 기뻤다.

[추신: 그 해 말이 되었을 때, 나는 커뮤니케이션 동아리가 별로 재미도 없고 매력적이지도 않다는 것을 알게 되었다.] …

-(D6)

부타이나는 문장의 구획 구분선을 개인화하였다. 루스의 전략을 받아들여 더욱 발전시킨 것이다. 인터뷰에서 부타이나는 이 이슬람 문양이 자신에게 문화적 의미가 있기 때문에 사용하게 되었다고 말했다. 또한 자신의 글에 아랍어를 포함시킴으로써 마이클의 '코드 엮기'를 더욱 발전시켰다. 마이클은 한국어를 다른 사람의 목소리로만 사용했는데, 부타이나는 아랍어를 자신의 목소리로 사용하였다.

이런 차이는 우리에게 전혀 문제가 되지 않았다. 우리가 모든 단서를 한데 모아 행간을 읽어내는 창(Chang)의 해석 전략을 채택해, 부타이나의 아랍어를 문맥 속에서 해석했기 때문이다. 구획 구분선은 아랍어로 적힌 경구가 뒤에 이어지는 경험과 관련이 있음을 시사했다.

경구 내의 유사한 구절은 그것이 시(詩)일 수 있음을 암시했다. 영어로 서술된 부분이 부타이나가 갈망했던 커뮤니케이션 동아리에 들어가기 위해 열심히 노력한 경험을 다루고 있으므로, 우리는 그 아랍어 시가 아마도 끈질긴 노력을 통한 성공과 관련 있는 주제일 것이라고 추정했다. 수업이 끝난 다음에 허심탄회하게 이야기를 나누는 면담 자리에서, 부타이나는 우리의 해석이 옳았음을 내게 확인시켜 주었다.

역설적이게도 다양성 있는 기록을 위해 맨 먼저 구획 구분선과 글꼴을 사용하는 방식을 사용했던 루스는 다른 학생들의 사례에서 아이디어를 얻어 자신의 전략을 한층 발전시키는 성과를 거두었다. 다음 예문에서 볼 수 있듯이, 루스는 자신의 최종 원고를 영어로 서술하면서 중간에 약간의 프랑스어를 사용했다.

프랑스에 있을 때 쓴 일기

2007년 1월 12일 금요일(vendredi, le 12 janvier, 2007)

오늘은 수업이 없어서 조금 게으름을 피웠다. 9시쯤 일어나 아침식사를 마치고 노트르담드라페 우체국과 상가(Notre Dame de la Paix, la poste, et des magasins)로 걸어갔다. 모두 가까운 곳에 위치한다!(Ils sont tous très proche!) 우체국 업무 시간을 확인한 다음에 편지를 보내고, 요구르트, 바삭바삭한 과일 맛 그래놀라(씨리얼의 일종-옮긴이), 사과 3개(yaourt, muesli croustillant avec fruits, et trois pommes)를 구입했다. 그리고 나서 아주 근사한 점심을 먹고 책을 읽었다. 오후 3시에 분수대에서(à la fontaine) 첼시를 만났다. 우리는 좀 돌아다니다가 프로그램 사무국(au bureau)에 갔다.

−(D6)

루스는 초기에 작성한 원고에서는 영어의 글꼴만 바꾸는 형태를 보였다. 이제는 파리에 유학하던 시절의 이야기부터 서술하면서 자신의 능숙한 다중언어 실력을 증명하였다. 다른 학생들의 이야기 서술 방식은 루스에게 자신이 다중언어를 사용한 경험이 있고 아울러 구사할 수 있는 능력이 있음을 상기시켰다. 다시 한 번 우리는 창이 우리에게 가르쳐준 해석 전략을 채택하고, 루스의 여러 가지 기호 자원을 한데 모아, 루스의 글을 명료하고 일관성있게 파악할 수 있었다. 우리는 영어 에세이에 다중언어를 사용하는 것이 어렵다거나 부적절한 일이라고는 여기지 않았다.

다른 글꼴과 구획 구분선을 사용하는 것이 결코 이례적인 수사학 전략은 아니다. 하지만 우리 수업에서 그것은 모두에게 공통된 의미와 기능으로 작용했다. 다국어를 구사하는 학생들로 이루어진 집단 내에서 언어적, 문화적 다양성을 나타내기 위한 공통의 규범이 협력적인 방식으로 구축되고, 서로의 공통적인 부분을 인정함으로써 발전할 수 있었다.

아울러 이 같은 관행을 통해 학생들은 수사학적 목적을 위해 다양한 언어, 기록, 목소리를 도입할 수 있게 되었다. 학생들은 글쓰기에서 창의적이었을 뿐 아니라 기존 관행의 파괴를 두려워하지 않았다.

4. 시사점

필자가 진행한 글쓰기 수업의 사례에서 서로를 반영하는 언어교육을 통한 의사소통과 언어 규범에 관한 5가지 교훈을 도출하게 되었다. 실제 실행과 관련해 바로잡아야 할 통념을 열거해 보겠다.

1) 통념: 규범은 오래 전부터 이어져왔다.
　실제: 규범은 사회 관계 안에서 만들어진다.

2) 통념: 규범은 보편적이며 변하지 않는다.
　실제: 규범은 끊임없이 형성된다.

3) 통념: 규범은 공통성과 획일성을 고집한다.
　실제: 규범은 다양성을 수용할 수 있다.

4) 통념: 규범은 중립적/도구적이다.
　실제: 규범은 이념적이다.

5) 통념: 성공하려면 규범과 일치해야 한다.
　실제: 규범과 일치하는 것은 아무것도/아무도 없다. 성공적인 실행 결과는 (해당 규범의) 근사치일 뿐이다.

하나씩 설명해 보기로 하자. 교사와 학생들은 대체로 규범에는 개인적인 것이 개입되어 있지 않을 뿐 아니라 미리 정의되어 있다는 상식적인 관점을 갖고 있다. 하지만 규범은 실제로는 사회

관계 안에서 만들어진다. 우리가 이 수업에서 소규모로 목격한 현상은, 언어와 문법 규범을 만들어내는 더 큰 역사적, 사회적 과정에서 정확하게 일어나는 것이다. 이러한 규범은 사회적 실천 과정에서 형성된다. 학생들이 그들 모두에게 의미가 있고 중요한 규범을 협력해서 만드는 것을 보아도 알 수 있다. 규범을 개인과 무관한 것으로 이상화함으로써 우리 자신의 창의적인 본성을 애써 잊으라고 압박해서는 안된다.

둘째, 규범과 우리가 상투적으로 사용하는 말은 사회 관계 안에서 만들어지기 때문에 항상 변화한다. 우리는 이런 규범을 이용하고 있을 뿐만 아니라 만들어진 규범을 새롭게 바꾸는 일에도 늘 참여하고 있다. 우리는 다행스럽게도 우리의 목소리와 이익을 대변할 규범을 재조율하기 위해 그 같은 규범을 제정하는 공인 기관과 협력해 나갈 수 있다.

셋째, 규범이 개인과 무관한 속성을 갖고 있다고 해서 규범을 획일적이라고 그릇 판단해서는 안된다. 혹은 공유된 의미에 대해 획일성을 강요하는 일도 없어야 한다. 규범은 다양성을 수용한다.

필자의 수업에서는 이 점이 두 가지 다른 방식으로 나타난다. 우선 구획 구분선과 글꼴을 사용하는 수사학적 관례가 학생마다 다 다르게 사용된다. 이를테면 부타이나의 구획 구분선은 이 학생의 이슬람 문화에 대한 존중으로 변주되었다. 루스가 사용한 구획 구분선과는 달랐다. 마찬가지 차원에서 글꼴 역시 영어(및 영어의 다른 기록 형태)에서 벗어나 아랍어가 등장하기 시작했다. 다음으로, 이 공유된 관행은 더 풍부한 다양성에 바탕한 글쓰기를 촉진하는 발판으로 작용하기 시작했다. 학생들을 획일적인 커뮤니케이션 방식 속에 가두지 않고, 다중언어를 구사하고 싶은 자신들의 목소리와 문화적 경험을 나타내는 발판으로 삼을 수 있도록 힘을 실어주었다.

넷째, 규범은 결코 중립적이지 않으며, 모두가 쉽사리 이해할 수 있도록 중립적일 필요도 없다는 사실을 유념해야 한다. 규범은 다른 부분에도 우호적 관심을 보인다. 필자의 제자들이 1인칭 선형 서술과 전통적인 산문의 문법에서 벗어나기 시작한 것은 아마도 이런 이유 때문이었을 것이다. 학생들은 또한 에세이 속에 영어만 사용하던 방식에서 벗어나 한국어, 아랍어, 프랑스어 같은 다른 언어를 섞는 쪽으로 일탈하기 시작했다. '영어 원어민'이든 다중언어를 쓰는 학생이든 간에, 지배적인 관행이 자신들의 경험을 대변하는 데 충분하지 않았던 것이다.

마지막으로, 규범은 절대적인 준수를 위한 것이 아니다. 모든 수사학적 (언어 표현) 행위는 그 규범을 다르게 해석한 것이다. 게다가 학생들이 그들 각자의 목적과 관심사에 맞추어 만들어낸 새 규범은 다른 사람들이 그 글을 이해하는 데 악영향을 끼치지도 않았다. 우리 모두는 문맥 속에서 충분히 그 의미를 이해할 수 있었다.

필자가 진행한 수업의 사례는 다음과 같은 흥미로운 역설을 보여준다. 즉, 규범은 채택할 수도, 어기거나 변경할 수도 있다. 규범과 다양성은 서로 배타적인 것이 아니다. 사실상 규범은 목소리에 다양성을 담아내도록 독려한다. 왜냐하면 우리 각자가 자신만의 독특한 방식으로 규범을 표현해야 하기 때문이다.

교실 밖의 생활에 대한 함축적인 의미는 다음과 같은 것이 될 것이다. 이해도를 높이기 위해 우리 모두가 동일한 방식이나 동일한 규범으로 의사소통할 필요는 없다는 것이다. 우리는 상호작용 속에서 발생하는 다양한 규범을 조율하는 법을 배워야 한다. 그렇게 하면 상황 속에 들어 있는 여타 자원들의 맥락을 통해 다른 규범을 이해할 수 있게 된다.

우리는 또한 그 같은 상호작용을 위해 공유할 필요가 있는 새로운 규범을 개발하는 일에 서로 힘을 모을 수 있다. 이렇게 함으로써 우리는 다양성을 유지하면서 계속 조화로운 방식으로 소통할 수 있는 것이다.

참고문헌

Canagarajah, S.(2020), *Transnational literacy autobiographies as translingual writing*, Abingdon: Routledge.

Canagarajah, S.(2013), *Translingual practice: Global Englishes and cosmopolitan relations*, Abingdon: Routledge.

Pratt, M. L.(1991), "Arts of the contact zone," *Profession*, 91, pp.33-40.

Wortham, S & Reyes. A.(2015), *Discourse analysis beyond the speech event*, Abingdon: Routledge.

Young, V.(2009), "Nah we straight: An argument against code-switching," *JAC*, 29(1-2), pp.49-76.

언어자원 담론의 구성
맥도날드화, 디즈니화 사회를 넘어

신동일(중앙대학교 영어영문학과 교수)

우리는 '언어'라고 하면 무엇을 연상하는가? 경제적 가치, 비용과 편익의 문제, 관리, 기술, 표준, 개인과 국가의 경쟁력, 단일언어체계 혹은 원어민으로부터 배워야 하는 말/글 규칙만 떠오르지 않는가? 정복해야 하는 목표, 대상, 시스템으로만 보이지 않는가? 나는 지금 시대의 언어문화(산업)에 모더니티 가치가 과다하게 개입한 상황부터 살펴보고자 한다.* 맥도날드화(McDonaldization) 원리로부터 테크노폴리(technopoly) 사회가 작동하는 과정을 먼저 정리하고, 디즈니화(Disneyfication, Disneyization) 사회의 특징도 살펴본다. 영어마을과 같은 예시적인 교육현장을 통해 국내에서 통용되고 있는 디즈니화된 맥도날드 교육공간을 비평하면서 언어가 온전히 삶의 자원으로, 혹은 역동적이면서도 유동적인 속성으로 인식되지 못하고 있다는 점을 지적할 것이다.

현대화된 언어사회/사용에 관한 문제의식으로부터 고부담 언어

---

*   강연의 전체 논점은 신동일(2019, 2020) 등의 선행 문헌으로부터 재구성한 것이며, 디즈니화 논점은 Bryman(2004)의 논점을 참조했다. 영어마을에 관한 기초 논점은 신동일(2020)에서 가져온 것이지만, 디즈니화된 맥도날드 교육공간에 관한 비평을 위해 새롭게 구성한 것이다. 언어자원 담론에 관한 구체적인 예시를 보려면 단행본《앵무새 살리기》를 참조하면 된다.

시험문화를 우선 문제화하고, 링구아 프랑카, 생태적 언어환경, 횡단적 언어실천 등 언어자원 담론의 지적 토대를 간략하게 제시할 것이다. 아울러 공공재(가치재)로서의 언어, 적정(언어)교육, 사회적 경제/기업, 지속능한 언어(교육), 비판적 언어인식 등 인문적 상상력이 발휘된 언어자원 (교육)현장 역시 논의하고자 한다.

1. 맥도날드화, 맥커뮤니케이션

1) 모더니티와 맥도날드화

유럽의 근대사는 주술적 신념, 미혹의 일상으로부터 각성하고 계몽하는 합리성이나 해방적 서사로 가득하다. 막스 베버(Max Weber)는 근대 사회를 전통적인 관습에서 벗어나는 탈마법(disenchantment) 시대로 보았다. 삶에서 작동하는 모든 것은 예측할 수 없는 신비로운 힘이 아니며, 효율성의 원리, 과학과 기술에 의존하는 지식 등이 사회적 행위를 이끌어 간다고 보았다.

합리주의는 생산과정/수단도 변화시켰다. 목적(산업혁명, 자본주의)을 최선으로 창출할 수 있는 수단을 합리적으로 계산한다. 효과적인 관리를 위한 규율, 제도, 사회적 조건 등이 고안된다. 예를 들면 관료제는 대규모 조직을 효율적으로 감당할 수 있는 수단이었다. 조지 리처(George Ritzer 1996)는 합리적 효율성으로 생산과정/수단에 정비하는 모더니티의 특성을 패스트푸드점 맥도날드 공간에서 논의했다. 맥도날드 프랜차이즈뿐 아니라 교육, 의료, 노동, 여행, 여가, 가정 등 기타 사회영역에서도 베버의 관료제(합리주의) 원리가 적용되고 있다고 보았다.

맥도날드화 사회에서는 합리성의 원리(효율성, 계산 가능성, 예측 가능성, 자동화를 통한 통제)가 작동한다. 다른 상태로 변화시킬 때 최적의 방안이 제공되면 효율성은 획득될 수 있다. 계산 가능성은 숫자로 제품이나 서비스를 셀 수 있는 대상으로 바라보게 한다. 효율적인 시스템을 구축하고 수량화된 자료에 의존하면 업무와 산출물은 예측이 가능해지고 종업원이나 고객의 행위를 통제할 수 있다. 자동화를 통한 시스템 기술이 인간들을 고도로 통제하는 것이다.

이걸 보면 맥도날드화 원리는 생산(자) 중심으로 작동한다는 것을 알 수 있다. 소비자도 그렇지만 일하는 종업원의 행위도 효율적이면서 계산/예측이 가능하고 통제적 절차에 의해 표준화된다. 리처가 분석한 맥도날드화는 베버의 관료제 논점의 연장인 셈이며 합리적인 생산과 소비의 불합리성이 드러난다. 합리성을 지나치게 강조하면서 비합리성의 합리성(irrationality of rationality)이 나타나는 것이다. 결과에 집착하며 효율성을 강조할수록 비효율적인 상황이 나타난다. 숫자로 계산될 수 없거나 입력-출력으로 예

측할 수 없지만 여전히 중요한 것(상황, 상호작용, 감정, 새로운 필요 등)
은 시스템에서 계속 배제된다.

2) 맥커뮤니케이션

언어산업의 맥도날드화는 맥커뮤니케이션(McCommunication)으
로 개념화될 수 있다. 언어위생화(verbal hygiene), 담화의 테크놀로지
화(technologization)와 유사한 개념이며 의식주뿐 아니라 의사소통 양
식이나 해당 교육방식도 합리주의 신념체계로부터 재단된 것을
가리킨다.

일상적인 관례, 지식, 사회구조 등이 맥도날드화 현상으로 개
념화된 것처럼, 언어를 사용하고 가르치고 배우는 절차와 내용에
서도 효율적이고, 계산/예측이 가능하고, 통제적일 필요가 있다고
보는 것이다. 수십만, 수백만 명의 수험자에게 동일한 절차/내용
으로 시험(예: TOEIC, TOPIK)이 부과되고, 객관적으로 채점하며, 통
제 가능한 수준에서 시험결과가 보고되고 사용되는 이유는 합리
성의 원리가 지배적으로 작동하기 때문이다.

맥커뮤니케이션 양식은 이미 언어를 가르치고 배우고 사용하
고 평가하는 모든 현장에 확장된 상태이다. 예를 들어 서비스 산
업의 규모가 커지면서 감정노동자들이 특정한 언어기술을 가진/
가져야만 하는 행위자 주체로 인식되고 있다. 승무원, 콜센터 직

원뿐만 아니라 (언어)교사에게도 언어의 미학적 측면을 표준적으로 사용하도록 요구한다. 맥커뮤니케이션 프레임은 상식이 되고 있다.

학생, 공무원, 글로벌 인재, 이주민 등을 선발하거나 특정 장소에 배치할 때 합리주의 관행에 따라 표준적인 언어시험을 응시하게 하고 관련 정책의 타당성을 쉽게 정당화시킨다. 행정적 편의성을 높이고, 비용을 절감하고, 시행의 효율성도 높이면서, 개인에게 예측 가능하면서 합리적인 절차를 집행한다는 명분은 개인을 통제적인 언어사용 체계에 종속시킬 수 있다.

합리주의 신념체계를 맹신하는 언어정책 관료들로부터 상명하달, 표준화된 시스템만이 계속 부과된다면, 언어교육사회 역시 합리성의 철창, 즉 합리적으로 가르치는데 너무나 비합리적인 교육이 되는 역설에 빠진다. 언어교육/사용의 목적성과 전인격적 성장에 관한 논의가 자꾸만 간과된다.

언어시험을 통해 관료적이고 통제적인 고부담(high-stakes) 의사결정이 관행적으로 이뤄진다면, 그곳은 맥도날드화 원리가 지배적으로 작동하는 곳이다. 즉흥적이고 협력적인 언어사용, 관계성에 비중을 두는 생태적 언어교육이 실행되기 힘들다. 다문화/다중언어 가치를 주목한다고 하더라도 사실상 표준과 효율성을 근거로 원어민 기반의 단일언어 사용이 여전히 강력한 규범으로 부과되는 곳이다.

맥커뮤니케이션의 예시를 간단하게 살펴보면 다음과 같다. 2008년도 한국교육과정평가원 주관의 국가수준 학업성취도 평가에 사용된 고등학교 1학년 영어시험 듣기문제 중 하나이다.

W: Why were you late this morning?

M: I missed the bus. I had to take a later one.

W: Again? Didn't you just buy a car?

M: Yes, I did. Two weeks ago.

W: Then, why are you still taking bus?

M: Well, I noticed that I had a flat tire this morning.

W: Didn't you have a spare tire?

M: I did, but I didn't have enough time to change it. So I had no choice but to take a bus.

W: Okay. I understand, but don't let it happen again.

자연스러운 대화로 보이는가? 여기 대화를 보면 정보 전달에 필요하지 않은 모든 (비)언어적 정보는 삭제한 듯하다. M은 마치 인공지능 기계처럼 대답한다. 이걸 자꾸 반복한다면 우리는 M처럼 대답하는 언어사용자로 살아가는 것이다.

이 짧은 대화에서 W는 M에게 네 가지나 질문한다. '왜 늦었냐?' '차를 사지 않았냐?' '차를 샀는데 왜 버스를 탔느냐?' '여분 타이어가 있었는지?' 남자는 심지어 이 모든 질문에 깔끔하게 응답한다. '버스를 놓쳤다.' '2주 전에 차를 샀다.' '타이어에 펑크가 났다.' '여분 타이어를 교체할 시간이 없었다.' 망설임도 없다. 감정도 나누지 않는다. 다른 시험이나 유사 문항도 별 차이는 없다. 모두 삭막하고 꽁꽁 얼어붙은 대화로 보인다. 맥도날드는 삭막하지만 세련된 곳이다. 맥커뮤니케이션은 누구나 꿈꾸는 세련된 대화로 들릴지 모르겠지만 꽁꽁 얼어붙은 냉동언어이다.

특히 대화는 고부담 시험 안에 위치되어 있기에 한가로운 의미협상이 시도될 수 없다. 문항을 만들든, 답을 찾든, 어느 입장에서나 효율성이 고려되어야 한다. 수험자는 짧은 시간에 하나의 정답을 찾는 것에 집중한다. 정답이 있다면 그때부터 아무나 함부로 뭐든 말할 수 없는 언어로 보인다.

2. 맥도날드화 이후 1: 테크노폴리 사회

소비자가 맥도날드 메뉴에 싫증이 날 수도 있고, 맥도날드 스스로 새로운 영업이익을 창출하기 위해 노력하듯이, 맥도날드화된 언어교육문화 역시 변곡점을 만난다. 맥도날드화 현상 이후의 두 가지 지향점을 테크노폴리 구성체와 디즈니화 사회로 구분할 수 있다.

1) 테크노폴리

세계는 이제 맥도날드화의 원리로부터 동질화되었다. 모더니티 시대는 시장의 확장을 정당화시킬 명분과 도구가 있다. 명분은 합리성이며 도구는 테크놀로지이다. 산업혁명 이래 대형화, 표준화, 동질화, 세계화를 시장에 안착시킨 핵심 동인이 합리주의와 기술주의가 접합된 이데올로기이다. 테크노폴리는 보다 철저하게 기술화된 맥도날드의 확장판으로 볼 수 있다.

미디어 이론가 닐 포스트만(Neil Postman)에 따르면 지금 시대는 기술을 도구로 사용하거나(도구사용문화), 기술에 매료된(기술주의문화) 단계를 벗어나 기술 자체가 신격화된 테크노폴리 사회이다. 합리주의에 기술중심주의(technocentrism) 원리가 전략적으로 결합된 사회질서이다.

기술중심주의는 과학기술이 진보하면서 사회의 발전도 결정된다는 이데올로기를 전제한다. 세상을 객관적으로(기술적으로) 바라보며 문제를 해결하면서 더 나은 세상을 만들 수 있다는 계몽적이고 진보적 세계관이다. 감정적이고, 개인적이고, 사회적인 문제 모두 더 나은 기술을 적용하면 해결할 수 있다는 것이다. 사회구조뿐 아니라 개인(관심, 태도, 일상적인 리추얼, 사고방식 등)에게도 막강한 영향력을 행사하는 이데올로기가 되었다.

역설적이게도 기술이 더 나은 편의를 제공할수록 인간은 기술에 종속되고 인간성의 복잡한 사고, 행위, 문화 등이 객체적인 위치로 강등된다. 언어를 유희적이며 창조적으로 사용하며 문화를 향유한 인간주체는 사라진다. 인간끼리 즉흥적으로 협력하면서 말하고 쓰며 습득하는 언어사용, 혹은 언어사회화에 대해 서로 믿지도 (보지도) 못한다. 어쩌면 소수가 아닌 다수가 기술에 의해 압도되고 소외될 수도 있는데 그걸 알아차릴 수 있도록 돕는 비판적 리터러시는 테크노폴리 교육사회에서 제공되지 않는다.

학계조차 언어사용을 거침없이 테크놀로지화하고 있다. 미디어는 인간을 언어 테크닉에 대한 기교와 취향을 창조하는 능력을 통해 고도의 명확성과 효율성을 달성하는 존재로 기술한다. 언어에 관한 공학적이고 미학적인 속성만 자꾸 다뤄진다.

2) 테크노폴리 언어교육

합리성의 과잉이 기술중심주의로부터 가속화되면 테크노폴리 언어산업이 구축된다. 기술 기반의 교수 행위, 시험개발뿐만 아니라 언어정책과 같은 거시적 기획과 집행 역시 특정한 목적을 감당하는 도구적 절차로 인식된다.[01] 기술 편의적 발상으로 시험을 이용하고, 정책을 집행하고, 다양성의 원리를 배제시키는 관행이 축

---

01. 기술(technology)이라고 하면 과학적인 실험이나 산업공학적 절차를 쉽게 연상하지만, 언어를 교육시키고, 언어평가를 시행하고, 언어정책을 집행하는 것도 모두 기술로 구성되어 있다. 기술의 사전적인 의미는 필요를 채우고, 문제를 해결하며, 사회경제적인 현장에서 목표에 도달하게 하는 일종의 '수단'이다. 인간의 활동에 도움을 제공하는 (절차적) 지식으로 폭넓게 정의할 수 있다.

적되면서 기술중심주의는 이제 거대한 이데올로기적 원리로 작동하면서 언어를 가르치고 배우는 모든 지침을 하달하게 된다.

고득점을 얻을 수 있는 전략, 언어능력을 인증하는 절차, 언어시험을 만들고 실행하고 사용하는 과정 등은 모두 도구적 속성을 넘어섰다. 목적을 위한 수단, 공부를 잘 시키기 위한 시험, 교육에 관한 기술은 이제 그 자체만으로도 목적이 되었다. 예를 들면 토익은 영어능력을 추론하기 위한 도구가 아니다. 토익이 영어이고, 영어사용이고, 영어공부이다. 이건 과장이 아니다. 다수 대학의 교양영어 프로그램에서 토익을 가르치며 토익 공부는 많은 학생에게 영어사용/공부의 전부이다. 토익에 관한 모든 것이 계속 테크놀로지화된다.

아래 제시한 몇 가지 토익 광고만 보더라도 언어를 사용하는 인간다움이 어떻게 상실되고 있는지 쉽게 논의해 볼 수 있다. 광고 텍스트만 보더라도 토익은 이제 도구가 아니다. 토익 자체가 영어공부를 하는 내용이고 목적이다. 아무리 부동산이 대박이고 자율주행 자동차가 넘친다고 해도 이처럼 언어를 가르치고 배우는 현장이 합리성과 기술성으로만 포획된다면 미래 언어사회의 주체는 어떤 모습으로 살아갈까? 얼어붙은 테크노폴리 언어사용만 소비하며 살아가는 다수는 기득권력의 질서 안에서 언어의 자원성, 언어를 배우며 변할 수 있는 삶의 또 다른 단면을 성찰해 낼 수 없을 것이다.

　　우리가 속한 사회가 빈번하게 고부담 시험과 같은 기술적 해법에 의존한다면, 혹은 문제를 발견하고, 문제를 해결하고, 문제의 대안을 제시하는 기술적 담론으로만 가득하다면, 그곳은 테크노폴

리 언어사회이다. 다음은 기술이 전경화되고 수단이 목적이 되는 또 다른 예시적 상황이다. 이런 곳이라면 한가롭게 누구도 언어의 자원성과 인간성에 관해 얘기해 볼 수 없다.

　지방에서 특목고 입학을 준비하던 학생 얘기다. TEPS 준비반 중 최상급 반에 배치된 이 학생은 일주일에 두 번, 100개씩 영어단어시험을 치르고 70개를 맞히지 못하면 수업이 끝난 후에 70개 이상 정답을 찾을 때까지 교실에 남아야 했다. 이 학생은 통학용 승합차 안에서 희미한 불빛으로 단어 외운 것만으로 당시의 교육경험을 기억하고 있었다. 단어시험의 양식은 너무 간단했다. 영어단어 100개가 나열되고 옆에 한국어로 뜻을 적는 시험이었다. 모든 학생이 열심히 준비했고, 시간이 흘러가면서 낙오자는 거의 없었다고 한다. 그러자 어느 날 시험의 양식이 달라졌다. 영어단어 대신에 한국어 뜻이 100개 나열되었고, 그걸 영어단어로 옮겨 써야 했다. 빈칸에 써야 하는 내용이 달라지자 다수의 학생은 시험을 통과하지 못했고, 반복적으로 재시험을 치르며 새벽 2시나 되어야 귀가하곤 했다고 한다. 낙오자는 다시 생겼고 잘하는 학생, 못하는 학생의 경계가 다시 만들어졌다. 대체 우리는 왜 이런 식으로 영어를 공부하는가? 단어는 왜 외우는가? 그곳에서 단어시험이란 의사소통의 수단조차도 아니다. 단어를 외우고 시험을 치르는 행위 그 자체가 학생을 분발시키고 서로의 경쟁심을 고취시키는 기술화된 의례이고 공부의 목적인 것이다. 단어시험은 도구화된 기술 역할을 넘어선다. 가르치고 공부시키고 보상을 주는 태도, 관습, 지식, 제도가 된다.

3) 최악의 언어사회: 사회통합 명분의 지속적인 언어위생화

테크노폴리 언어사회가 영속화되는 조짐이 있다면 언어자원 연구자에게는 최악의 시나리오를 상상하지 않을 수 없다. 사회통합을 명분으로 단일언어주의, 표준언어위생화가 정당화되는 사회의 모습이다. 맥커뮤니케이션은 국가주의, 자민족중심주의, 세계화 등의 인접 이데올로기와 접합하면서 지배집단의 정치적 합리성으로 새롭게 의미화된다. 이때부터 언어는 신자유주의, 다문화주의 시대의 통치적 원리로 활용될 뿐이다. 언어에 관한 자유는 사실상 사라진다.

단일(표준)언어, 공식언어로부터 배제된 언어(사용자 주체)들은 결핍, 문제, 위협, 통합의 걸림돌, 교정의 메타포로 의미화된다. 원어민, 지배계급, 표준어, 모(국)어 기반의 단일언어주의 언어정책/계획을 강력하게 집행했던 곳에서는 자연스럽게 비원어민, 이주민, 언어소수자, 외국어, 방언, 혹은 이중(횡단)언어를 사용하는 개인/집단을 차별한다. 어떤 언어는 언어위생화 질서로부터 설정된 기준에 충족되지 못한다는 이유로 사멸된다.[02]

---

02.   다음 책으로부터 관련 논점을 대부분 쉽게 이해할 수 있다. 신동일, 박수현, 김가현, 조은혜, 심우진, 《접촉의 언어학, 다중언어사회의 교육과 정책》, 커뮤니케이션북스, 2017.

다문화주의, 다중언어주의는 가까운 미래에 국내 언어사회에서 새롭게 수용될 수 있고, 단일국가와 민족성에 관한 지배 담론도 얼마든지 재구조화될 수 있다. 그렇지만 정치적 이해관계나 시장의 필요에 따라 언제든지 손님과 주인, 모어와 외국어, 원어민과 비원어민, '우리'와 '그들'을 이항으로 대립시킬 수 있는 국가주의, 민족주의, 단일언어주의 이데올로기에 큰 힘이 실릴 수 있다.

'(단일하게 사용하지 않는) 언어가 문제'라는 정치적 의제는 앞으로도 확장될 수 있다. 한국어든 영어든, 언어능력을 결핍이나 문제의 속성으로 놓고, 시험으로 극복하고, 인증제로 관리하자는 사회적 담론이 계속 유포될 수 있다. 언어가 문제이니 위생화되어야 하고, 관리되고 정복해야 한다는 통치성 담론은 전형적인 모더니스트 사유체제이기도 하다.

이주민을 '손님'으로 위치시키고 언어위생화(예: 공식어 사용능력을 강조하거나 혼용적 언어사용을 금지) 기반의 언어정책이 강화되면, 언어가 사회적이고 개인적인 모든 문제를 해결할 수 있다는 언어결정주의, 언어에 의해 사회를 관리하고 통제할 수 있다는 언어전체주의 담론으로도 확장될 수 있다. 개인이든 사회든 어떤 문제가 발생한 지점과 경로는 복잡한 것임에도 불구하고 언어만 문제라는 단일성-일원성 담론이 반복적으로 유포된다면, 결과적으로 사회나 학교의 특정 단면에서 오직 하나의 언어적 규범이 타당하다고 인식하는 단일언어 아비투스(monolingual habitus)가 형성되는 셈이다. 최악의 시나리오라고 이름을 붙였지만 관련 연구자라면 (특히 코로나 사태 이후에) 실감하고 있는 사회질서이다.

3. 맥도날드화 이후 2: 디즈니화 사회

1) 디즈니화

우리는 합리성의 원리로만 살지 않는다. 즉흥적이면서도, 재미를 좇기도 하고, 개별적인 욕망으로 비합리적인 소비도 감당한다. 수입이 충분하지 않더라도 명품을 산다. 엉뚱한 곳에서 해외여행을 한다. 합리적이지 못하지만 지금 사회에서 얼마든지 허용되고 조장되는 사치 풍조이다. 소비의 동기뿐 아니라 방식도 달라진다. 인터넷 쇼핑이나 온라인 공간의 유희적 활동만 봐도 맥도날드 공간의 거래방식과 질적으로 다르다. 원격 사용자들이 동시 사용(접속)이 가능하며 공시성은 중요하지도 않다. 디지털 데이터는 저장되고 응축되고 이동되고 거래되는데, 대면 접촉의 공포를 경험한 포스트-코로나 시대에 이와 같은 경향은 더욱 가속화될 것이다.

합리적으로 생산하고 소비하려던 시대라면 물질적 실재성이 거래의 중요한 대상이자 동기였다. 그러나 우리는 이제 디지털 코드로부터 거래를 한다. 심지어 비물질적(가상) 재화(virtual goods)를 욕망한다. 물질적인 실체도 없는 디지털 재화는 네트워크로 유통되며 모바일폰으로 소비된다. 이런 소비는 전통 경제학이나 합리적 행위성으로 설명하기 힘들다.

온라인이 대표적인 탈맥도날드화 공간이겠지만, 우리 주변에서 이와 같은 비합리적 소비행위를 얼마든지 발견할 수 있다. 어디서 소비는 합리적인 경제적 행위라기보다 공간의 탐닉으로 설명될 수 있는가? 예를 들면, 우리는 스타벅스에 커피를 합리적인 가격으로 사거나 팔기 위해서 가는 건 아니다. 작은 컵의 아메리카노를 4,100원이나 받는 그곳은 테이크아웃 주문이라면 가격을 깎아줘야 합리적일 텐데 매장에서 마시는 것과 동일한 비용을 요구한다. 사람들은 거기서 스타벅스라는 기호를 탐닉하고 일을 하거나 대화를 나누며 공간적 정체성을 구성한다. 대형 몰(mall)도 그런 곳이다. 합리적인 가격으로 쇼핑만 하는 곳이 아니다. 한가롭게 시간을 보내기도 한다. 멋진 갤러리, 선망하는 브랜드 상품의 전시가 있는 곳이다. 걸어 다니며 운동을 하는 사람도 있다. 온라인으로 이벤트를 확인하고 멀리서 찾아가서 체험하기도 한다. 온라인 몰은 말할 것도 없다. 구경을 하고 구경거리를 만드는 곳이다.

맥도날드와 디즈니랜드는 동일한 시공간에 공존하기도 한다. 다만 디즈니화 사회는 맥도날드화의 원리에서 벗어나면서 탈맥도날드화의 사회를 겨냥한 측면이 있다. 맥도날드화가 전형적인 근대화 과정이라면 디즈니화는 후기-근대화의 문화현상으로 볼 수 있다. 알란 브라이만(Alan Bryman 2004)이 개념화한 디즈니화(Disneyization) 사회의 단면이다.

(포스트모던적 공간의 특성이 그러하듯이) 디즈니화된 사회는 소비, 욕망, 경험, 기억에 의존한다. 상징적 기호를 소비하는 것이 불합리한 교환으로 보이지만 과시적이고 감각적인 소비가 자주 재현된다. 기호적 배치로 보자면 텅 빈 기의를 채우는 기표의 배치, 혹은 2차적이거나 신화적 의미작용이 중요한 기능을 맡는다. 명품 셔츠를 입은 것만으로 자신의 소속감에 특별한 의미를 부여하거나, 해외 프로구단 팬클럽 회원이 모여 구단 유니폼을 함께 입고 응원하고, 온라인 게임의 캐릭터와 상상적 관계성 이상의 감정을 갖기도 한다. 디즈니화 사회는 비현실적이라기보다는 오히려 너무나도 진짜처럼 보이는 초현실적(hyper-real) 재현이 있다.

2) 메트로링구얼

합리주의 원리를 신봉하는 맥도날드화 사회질서는 생산자 중심으로 유지되고 확장된다. 디즈니화 사회는 탈맥도날드화되면서 초현실적이고 다감각적이다. 다양한 소비와 개별화된 욕망에 충실하며 상징과 기호의 교환이 넘친다. 언어를 가르치고 배우고 현장에서도 이와 같은 탈맥도날드화된 소비자 욕망이 참조되고 또

개입한다. 최근에 나온 토익에 관한 아래 광고만 보더라도 앞서 살펴본 맥도날드화된 교육사회의 텍스트와 다르다는 것을 쉽게 알 수 있다.

디즈니화된 교육사회라면 암기식 영어회화 교재보다 미(국)드 (라마)가 더 인기를 얻는다. 대형학원이 아니라 유튜브에서 영어를 배워도 된다. 어학연수를 가지 않고 배낭여행을 간다. 영어를 실제로 사용하는 현실, 자신의 구체적인 필요, 합리적인 학습매체보다 더 멋진 현실처럼 보이는 초현실의 공간에서 개별화된 (그리고 한편으로 보면 엉뚱하고 산만한) 영어학습과 사용을 소비한다. 욕망과

소비의 대상은 할리우드 배우일 수도 있고, 메이저리그 토론토 구단에서 활약하는 류현진 선수일 수도 있다. 온라인 게임 캐릭터이기도 하고 실제 인물이기도 하다.

왜 대형학원, 유명강사, 베스트셀러 교재를 통해 표준언어를 배우는 것보다 유튜브 강사와 낄낄대며, 한가롭게 미드를 시청하고, 큰돈 쓰면서 배낭여행을 하며, 아바타를 꾸미면서 영어를 배우는 걸까? 이건 필요한 재화를 단순하게 구매하는 합리적 행위가 아니다. 낭비처럼 보이는 자기과시, 비생산적인 자기실현의 속성이 있다. 즉흥적인 욕망이 분출되고 감각에 지나치게 의존적이다. 합리성과는 전혀 다른 가치를 지향한다.

맥도날드화 공간이 구매자보다 생산하고 판매하는 입장에서 구조화된 것이라면, 디즈니화 공간은 학습을 소비로 보는 주체의 욕망과 과시가 드러나는 곳이다. 소비는 경제적 행위라기보다 공간적 탐닉이다. 외국인과 대화하는 내가 멋있고 원어민이 중심인 곳에서 뭘 하는 분위기가 좋고, 미국에서 유학을 해보는 상상적 정체성을 즐긴다. 진지하지도 않다.

언어를 배우기 위한 활동인지, 그저 개별화된 주체의 유희적인 활동인지도 분명하지 않다. 합리적으로 소비하기보다는 (비합리적으로 보일지라도) 자신에게 바로 그곳에서 매혹적이고 매력적인 동인을 좇는다. 주술적인 삶에서 자각하고 해방한 근대화의 원리는 여전히 유효하지만, 황당하게도 비합리적 주체성을 정당화시킬 수 있는 재마법화 상황(re-enchantment)이 넘친다. 사이버 공간의 언어 교육 내용을 검색해 보면 콘텐츠 제공자가 무엇을 어떻게 가르칠 지 (예: 의미협상적인 대화, 서사 구조에 충실한 스토리텔링 말하기 등) 고민하지 않고 마법과 같은 텍스트로 프로그램을 홍보하고 가르치고 있다. 유초등 학습자뿐 아니라 성인 학습자에게도 (환상적인 이미지를 만들어 새로운 꿈을 심어주는 인터넷 쇼핑처럼) 판타지를 부여한다. 토익에 관한 온라인 콘텐츠를 보면 환급제 거래가 많다. 소비보다 소비과정에 미혹되어 있다.

소비보다 소비과정을 즐기며 마법에 미혹된 언어사용 주체는 메트로링구얼(metrolingual: 도시언어사용자)로 개념화할 수도 있겠다. 메트로링구얼은 언어사용/학습에서 기존의 맥커뮤니케이션, 테크노폴리 양식의 학습자와 구분된다. 겉멋이나 재미를 좇는 유희적인 학습자이다. 현재성, 즉흥성, 중첩적 소속감이 언어를 배우고 사용하고 싶다는 중요한 동인으로 작동한다. 도시적이고 미학적으로 언어를 매력적으로 사용하고자 하는 메트로링구얼은 대중적이고 상업적인 매체에 자주 등장한다. k-pop 가사나 공연 영상물을 보면 다양한 언어들을 파편적이면서도 교차적으로, 그리고 유희적으로 사용하는 모습이 나온다. 그렇게 디즈니화된 도시문화 콘텐츠가 언어습득과 사회화에 어떠한 실제적 관련성이 있는지 알 수는 없다. 관련 연구문헌을 찾아보지 못했다.

4. 영어마을: 디즈니화된 맥도날드 교육공간

맥도날드화를 표준화된 공간의 확장, 효율성의 최적화, 생산자 편의로부터 구조화된 경향으로 이해한다면 디즈니화는 표준의 변이성이 등장하고 미적 감각이나 이질적인 욕망도 수용하는 소비자 중심 문화로 볼 수 있다. 다시금 마법적 맥락을 초대한 디즈니화 사회의 언어학습자는 (실제적 학습효과를 차치하고) 미드나 유튜브 방송 등을 통해 (판타지) 게임과도 같은 온라인 콘텐츠를 소비한다.

특히 탈물질적이고 상징적인 기호가 소비재로 통용되는 온라인 공간은 미혹과 욕망의 텍스트가 거침없이 구성되고 재현되는 곳이다. 합리주의의 맥도날드화, 기술중심주의 테크노폴리 원리만으로는 설명하기 힘들다. 대중매체를 벗어나 대면교육 현장(영어유치원, 영어경시대회, 아이비리그 탐방 연수, 영어마을 등)에서도 디즈니화 특성은 발견된다. 그중에서도 가장 주목할 만한 디즈니화 공간은 한때 국내 영어교육의 인기를 주도했던 영어마을일 것이다.

지금 영어마을은 모두 폐업 상태이지만 전국적으로 22곳이나 운영될 만큼 크게 인기를 끈 영어 상품이었다. 경기도만 해도 2천억 원 가까이 투자해서 2004년 안산 캠프, 2006년 파주와 양평 캠프 영어마을을 긴급히 조성했다. 언론매체는 수요와 공급, 흑자와 적자, 비용과 효과 등의 논점으로 영어마을의 흥망을 다루었다. 예를 들면 영어 몰입교육의 취지가 무색해지고, 비현실적인 사업

계획에 의해 수요 예측에 실패했고, 고비용으로 누적 적자를 이겨내지 못했다고 논평했다. 이처럼 경제나 공리의 논점으로는 영어마을의 역사성이 피상적으로 다뤄질 수밖에 없다. 앞서 소개한 맥도날드화와 디즈니화 개념으로부터 영어마을 교육공간을 다시 바라볼 필요가 있다.

영어마을은 전형적인 디즈니화 교육공간이다. 학생은 마치 외국에 직접 입국하고 생활하는 것만 같은 상황에 참여한다. 세트장으로 만든 출입국심사장를 통과하고 호텔로 불리는 곳에서 체크인도 하고, 은행에서 영어마을 전용 EV(English Village) 달러를 바꾼다. 영어를 사용하는 레스토랑이나 우체국 공간도 있다. 학생은 원어민이 주도하는 활동에 참여하고 영어를 공식어로 사용하면서 여러 시설을 체험한다. 교육 기간은 한 달도 가능하고 짧게는 주말이나 5박 6일 프로그램도 있다. 참여자 학생은 주로 그만한 판타지를 즐길 수 있는 초등학생이거나 중학교 1~2학년 학생이었다.

영어를 사용하는 일상성이 박물관이나 테마파크의 판타지 기획전처럼 마을이란 이름의 공간 안에서 구분되어 판매되는 셈이다. 서구 지역에서 여행하고 생활하고 공부하는 일상성을 소비 양식으로 판매하는 것이니, 이국적인 공간과 인물군이 자주 등장한다. 아래 나열한 영어마을 풍경에 나타나듯이 다수 학생은 원어민 교사 혹은 스태프와 동등한 권한으로 의미협상적 체험을 하기보다는 구경꾼 혹은 수동적인 학습자의 역할을 주로 맡곤 했다. 심

지어 연예인을 따르는 팬처럼 영어마을 원어민 참여자를 추종하
는 모습도 관련 연구문헌[03]에 언급된다.

영어마을이 판타지를 판매하는 디즈니화 교육공간임은 분명
하지만 흥미롭게도 이곳에서는 앞서 언급한 메트로링구얼 언어사
용을 찾아볼 수 없다. 영어마을이 도시적 거주민의 언어사용을 모
방한 공간이니만큼 참여자 학생에게 유희적이고 즉흥적인, 혹은
겉멋으로 이것저것 말해 보는 기회가 주어질 만도 하다. 우리가
어떤 낯선 도시로 가서 레스토랑, 쇼핑 단지, 관광지, 축제에 갈 때
는 영어를 원어민처럼 사용하지 못한다는 비원어민 정체성이 별

---

03.   이희은, 〈영어와 일상의 공간: 영어마을 사례를 중심으로〉, 《한국언론학보》
51(4), 2007, 85-110쪽.

로 중요하지 않다. 더 중요한 것은 자신의 관심사인 음식, 음악, 스
포츠, 패션, 상품, 작품, 여가, 학업활동 등에 관한 호기심, 개별적인
필요, 감정과 감각이다. 서울에 오는 외국인도 그렇고 우리가 영
어를 사용하는 곳에 방문하고 여행할 때도 마찬가지이다. 사전에

확인한 인터넷 정보로든, 현장에서 만난 현지인과 나누든, 모어를 포함한 다양한 언어자원을 즉흥적이면서도 조합적으로 사용하는 것이 도시적 언어실천의 특징일 것이다.

그러나 간단한 문헌조사만으로도 영어마을의 영어사용은 메트로링구얼의 언어사용과 거리가 멀다. 영어마을에 기숙하는 학생이 사용해야 하는 언어는 엄격하게 매뉴얼화된 표준언어였다. 미국영어를 사용하는 원어민(처럼 보이는 교사)이 선발되었으며, 한국인 교사도 미국식 표준영어를 자연스럽게 사용해야만 했다. 표준영어가 아닌 학생의 발음은 교사에 의해 교정되기도 했고, 학생이 재미나 필요에 의해 한국어를 조금이나마 교차적으로 사용하면 영어마을의 'English-Only' 규칙을 위배했다는 이유로 범칙금을 부과한 곳도 있었다. 영어사용을 자연스럽게 경험하고 편안하게 사용할 수 있도록 배려했다는 영어마을 환경은 BANA(British Australian North American) 표준영어를 규범적으로 학습해야만 하는 또 하나의 영어교실일 뿐이었다.

촘촘하게 (표준적이고 합리적으로) 학생들의 동선과 행위를 통제하고 관리하는 학습 절차/내용으로 영어마을의 교육과정은 구성되어 있었다. 그런 곳에선 즉흥적인 의미협상, 재미로 말해 보기, 새로운 화제의 제시나 전환, 협상적 태도 등이 좀처럼 시도될 수 없다. 영어마을의 학습모형에 관한 연구문헌[04]을 참조하면 수업 활동은 크게 세 가지로 구분된다. 우선 교사는 수업에 필요한 새 단어

---

04. 다음 문헌에서 보다 구체적인 논의를 확인할 수 있다. 임희주, 김금선, 〈영어체험마을 학습모형에 대한 연구〉, 《현대영미어문학》 27(3), 2009, 225-246쪽.

를 가르친다. 학생들은 상황별 대화를 공부하면서 교사가 하는 말을 따라 읽는다. 그런 후에 짝이나 소집단으로 나누어 다시 연습한다. 교사는 학생들이 학습한 대화로 역할극을 하도록 지시한다. 시간적 여유가 있다면 교사는 마무리 활동으로 단어를 다시 복습하게 한다.

주로 교사 설명으로 수업이 진행된다. 학생은 의미협상의 능동적인 주체가 되지 못한다. 교사가 처음부터 활동을 주도하며 역할극마저도 학생은 대화문과 똑같은 표현으로 연습하고 실연한다. 즉흥적으로 말하고 싶은 것을 재미있게 말해 보거나, 자신의 경험, 의견, 느낌을 대충이라도 반영해 볼 기회가 없다. 여분의 의미협상을 나눌 시간도 충분하지 않다.

영어마을은 접촉지대가 되어 학생이 나름대로 접촉언어를 창의적으로 사용해 볼 기회를 가질 공간일 수 있다. 모어를 포함하여 다양한 언어들이 공존하고 교차될 수 있는 실험적인 언어사용의 공간일 수도 있다. 출입국심사장을 통과하여 낯선 마을에 들어간 어린 화자들은 그저 즐겁고 즉흥적으로 영어를 사용해 볼 수도 있다. 그러나 누구도 그런 언어사용을 허락하지 않았다. 모두에게 익숙한 맥도날드화된 언어사용만을 학생에게 다시 요구했다.

달리 말하면 영어마을은 디즈니화된 맥도날드 공간인 셈이다. 상징과 기호로부터 마법적 학습환경이 조성되었고, 그걸 소비할 수 있는 어린 구경꾼을 초대했다. 그런데 어린 학생들은 그곳에서 맥

커뮤니케이션 양식을 다시 반복할 뿐이었다. 통제와 관리보다 유혹과 즉흥적 참여가 허락되는 곳이 디즈니화 사회이다. 겉은 디즈니랜드인데 속은 맥도날드인 곳에서 아마도 학생들은 학원이나 학교에서 내면화한 맥커뮤니케이터 언어정체성을 다시금 강화했을 것이다. 영어마을은 근엄하고 나이든 원어민-어른이 사용하는 표준어를 따라서 연습하는 낡은 마법의 박물관이었을 것이다. 구체적인 필요와 자원으로부터 말하고 싶은 것을 말해 보는 언어사용의 교육시설은 되지 못했다. 누가 영어마을의 콘텐츠를 기획했는지 모르겠지만, 누구에게나 익숙한 표준과 기술의 절차를 강조했을 뿐 다중적이고 유희적인 언어사용의 공간은 꿈꾸지도 못했다.

영어든 뭐든 언어기호들을 횡단적으로 사용하는 재미와 일상성을 마을의 기획과정에 반영할 수 있지 않았을까? 테마파크, 혹은 축제의 공간처럼 기획하면 어땠을까? 그곳을 찾는 참여자들이 고작 10~15세 즈음의 어린 초중등학생들이라면 박물관과 같은 전시보다, 축제의 언어, 놀이의 언어를 허락하는 공간 콘텐츠로 기획해야 했다. 고작 주말 동안, 혹은 며칠 동안 체험하는 마을 프로그램이라면, 대회가 아닌 축제, 수업이 아닌 놀이로 기획되어야 했다.

누구나 살아온 만큼 넘치는 언어기호 자원의 레퍼토리를 가지고 있다. 다중적인 언어능력, 언어교차 사용전략, 비원어민성, 상호문화적 배려의 가치 등은 영어마을의 기획과 운영 문헌에 언급조차 되지 않았다. 영어마을은 서로에게 익숙한 맥도날드화된 영어산업을 유지시키는 임시방편적 발상일 뿐이었다.

　이처럼 어색하게 채색된 근대화–탈근대화, 혹은 맥도날드와 디즈니랜드의 공존은 다른 언어교육 현장에서도 자주 발견된다. 어떠한 미혹적인, 감각적인 콘텐츠가 재현되더라도 대화와 교육과정은 맥도날드화 원리에 여전히 충실하다. 누가 무엇을 왜 가르치는가 하는 질문에서는 식민주의–단일(표준)언어주의를 벗어나지 못한다.

　볼거리만 풍부하다. 그러나 원어민과 표준영어는 여전히 지배적인 기준이다. 대안, 차이, 다양성 등의 가치를 일부 수용하지만 온전하게 해방적이진 않다. 중세적 혹은 탈근대적 마법의 맥락이 강조되면서 각성과 합리성의 근대화 원리가 강력하게 집행되는 곳, 거기서 언어학습자/사용자는 자신의 언어적 레퍼토리를 자원으로 인식하고 있을까? 평가와 정책을 기획하는 자는 언어를 공공재나 가치재로 이해하고 있을까?

5. 언어자원 담론을 구축하기 위한 방안

　다급하게 구축된 맥도날드화 언어산업, 테크노폴리 기반의 사회의식, 혹은 어색하게 결합된 디즈니화된 맥도날드 교육공간으로는 삶의 자원, 공공재, 기초재, 사회적 인프라, 복지의 관점으로 언어를 바라보기 힘들다. 수요, 수익, 공리, 기술, 표준 등의 논리로만 가득 채우면 언어자원 담론이 개입될 곳은 없다. 언어자원 담론을 온전히 구축하려면 어떤 변화가 우리에게 필요할까?

언어에 관한 주류 담론은 흔히 언어가 문제이니 투자하고 교정하자는 우파적 신념체계와 언어는 모두에게 (특히 소수자들에게) 권리나 평등한 기회로 다뤄져야 한다는 좌파적 논점이 있는데 둘은 자주 충돌한다. 영어나 한국어 사용능력이 문제나 갈등의 원인이면서 해결책이라는 논점은 이미 정책문서나 미디어에 빈번하게 등장하고 있다. 결핍과 문제 담론의 재생산을 중단하고 모어, 소수언어, 이중언어, 방언, 초중급 수준의 외국어 능숙도 등을 긍정적으로 의미화시키거나 일종의 권리로 존중해야 한다는 관용 담론 역시 꾸준히 출현하고 있다. 그러나 문제가 되기 때문에 교정하고 해결하자는 논점이나, 기본적인 권리이니 법이든 관용으로든 보호하자는 것이나, 모두 언어에 어떤 지위를 부여할 것인가에 관한 경제적이고 정치적인 논점이 강하다.

그런 점에서 학계부터 문제 혹은 권리 담론에만 묶이지 말고, 학제간 접근으로부터 개인이나 사회가 보유할 수 있는 언어자원성(resourcefulness) 담론을 새롭게 발굴해 볼 필요가 있다. 언어가 자원이라든가 복지적 인프라로 접근하자는 사회적 담론은 좌-우 진영 모두에게 중요하며, 한편으로 보면 시장-친화적으로만 보이지만, 자본, 자원, 복지 논점을 잘만 조합한다면 이질화된 언어사회의 가치들을 새롭게 조정할 수 있다.

언어자원성 담론을 구축하기 위해 여기서는 세 가지 범주(고부담 언어시험에 관한 문제의식, 새로운 링구얼 문화의 수용, 적정교육과 지속가능한 언어교육론 탐색)로 구분하여 간단하게 언급하기로 한다.

1) 고부담 언어시험에 관한 문제의식

맥도날드화, 테크노폴리 사회구조를 변화시킬 수 있는 가장 실천적인 캠페인은 관행적으로 사용하는 고부담 언어시험을 문제화하는 것이다. 고부담 언어시험에 관한 사회적 필요는 인정한다. 그러나 맥커뮤니케이션 양식 혹은 디즈니화된 맥도날드화 원리를 언어교육평가 현장에 손쉽게 적용하면 효율적인 방식으로만 언어를 제대로 가르치고 평가할 수 있다는 관행을 자꾸만 허락하게 된다. 고부담 언어시험은 표준적인 언어(평가)정책을 움직이는 테크놀로지로 작동하고 있고, 교육현장에서 거대 권력으로 인식되며, 다양한 경로의 언어학습과 언어사회화 과정을 가로막고 있다.

입학, 졸업, 입사, 승진, 배치 등과 같은 고부담 의사결정에 큰 언어시험이 사용되면 효율적으로 고득점을 획득하기 위한 비법이 매매되고, 심지어 대리인을 통해 시험점수를 획득하는 극단적인 합리성이 용인된다. 한국은 토익과 같은 시험에만 매해 200만 명 넘는 수험자가 응시하고 고득점을 받기 위해 돈과 시간을 투자하는 곳이다. 말하기(교육)가 중요하다면 시험과 시험 기반의 제도부터 고안하는 곳이다.

지필 시험의 정답 찾기 전략을 학생들이 어디선가 배우고 있듯이, 말하기나 쓰기 시험조차 고득점을 받을 수 있는 전략이 학원에서 유통된다.[05] 시험준비 학원에서 사용하는 사전 대본은 소위 족보로 알려져 있다. 여기서 언어가 자원이 될 수 있는 담론이 어떻게 구성될 수 있는가? 영어시험 성적만으로 대학도 갈 수 있다는 어학(영어) 특기자 전형은 폐기되어야 한다. 대학 졸업 전까지 토익 시험에 응시하고 점수를 제출하게 하는 영어졸업인증제도 중단되어야 한다. 큰 시험을 치밀하게 준비하고 그런 시험결과를 편의적으로 사용하는 교육문화를 경계하지 않고는 언어자원 담론의 토대를 구축하기 힘들다.

2) 새로운 링구얼 문화의 수용

언어를 개인과 사회의 자원으로 보는 입장은 언어(사용자)의 위계성, 이항대립 개념과 거리를 둔다. 대신에 서로 다른 모어와

05.　예를 들면 수험자들이 비싼 학원에 등록을 하면 시험대비 강사는 이렇게 가르쳐준다. "뭐가 되었든 일정한 틀과 전략으로 말하라. 가능하면 서로 겹치게 준비해서 예시답안을 사전에 만들어라. 예를 들어 오픽 시험의 배경설문 조사에서 '취미' 항목에 조깅을 기입할 것으로 정하고 조깅에 대한 대본을 만들어서 외운다. 그건 내가 도와준다. 이때 조깅하는 장소가 등장할 수 있다. 장소에 관한 질문이 나올 때를 대비해서 조깅을 하는 해당 공원이나 도시 풍경을 사전에 자세히 만들어둔다. 이걸 '대본 돌려막기' 전략이라고 하는데, 어떤 문제가 나오든 사전에 달달 외워서 암기한 정보를 시험장에서 유용하게 사용할 수 있다."

언어문화를 존중한다. 횡단적으로 각자 보유한 언어적 레퍼토리, 개별적인 언어정체성과 권리에 관심을 갖는다. 해외 문헌을 참조하면서 여기서는 링구아 프랑카, 트랜스링구얼, 혹은 에코링구얼 언어문화로부터 언어자원성의 이론적 토대를 간단히 다뤄보고자 한다.

링구아 프랑카는 지배적인 표준언어의 모더니티에 힘을 뺄 수 있는 대항/대안 담론으로 확장될 수 있다. 다만 링구아 프랑카 영어(English as Lingua Franca: ELF)에 논점이 집중되어 있다. 생태주의는 여러 학술 분야에서 꾸준히 논의되고 있는 이론적 토대이다. 총론 수준을 벗어나서 생태적 언어환경을 구체적으로 구축하기 쉽지 않은데, 트랜스링구얼에 관한 구체적인 연구문헌이 최근 급증하고 있다. 간단하게 하나씩 살펴보면 다음과 같다.

영어를 모어로 습득하지 않은 비원어민들이 인터넷 공간이나 접촉지대에서 사용하는 영어가 ELF이다. ELF 대화는 원어민-(비)원어민 대화의 속성(목표지향성, 인접쌍, 수정 등)과 다를 바 없으며, 충분히 합의-지향적이며 의미협상적이다. ELF 사용자가 갖는 화용적, 태도적 자원도 중요한 역할을 한다. ELF 사용자는 BANA 원어민 규범으로부터 위계화되거나 주변화되지 않아도 된다. 다중심적 세계관으로부터 ELF 화자 사이에 생성되는 다양한 언어사용(형태와 전략)에 서로 관대한 입장을 가질 수 있다.[06] 그렇게 되면 언어교육이나 평가정책을 기획하고 집행할 때도 맥도날드화할 대

---

06.   Canagarajah, A. S.(2007), "Lingua franca English, multilingual communities, and language acquisition," *The Modern Language Journal*, 91(1), pp.923-939.

상, 즉 원어민의 표준적 언어형태를 선형적으로 습득해야 한다는 보편적 순서, 혹은 결핍된 비원어민과 규범적 원어민이 대립쌍을 이루며 구성한 언어교육모형에서 자유로울 수 있다.

이처럼 접촉지대의 접촉언어에 관한 인식이 긍정적으로 확장되면 맥커뮤니케이션, 테크노폴리의 사회질서에 대안 담론이 될 수도 있다. 표준화된 절차와 내용으로 권력언어를 상품이나 서비스처럼 매매하고 소유하려는 사회적 관행에 변화를 줄 수도 있다. 언어를 시장재나 경쟁재로 맥도날드화하려면 정답이 되는 규범, 혹은 원어민 언어사용의 목표와 중간언어 단계가 필요하다. 그러나 링구아 프랑카 담론으로부터 합법적인 언어사용자 특성이 보다 폭넓게 정의된다면, 모더니티에 치중한 언어교육은 달라질 수 있다.

링구아 프랑카를 적극적으로 수용하는 곳에서 언어를 공공재, 가치재, 혹은 사회적 인프라로 보자는 논의가 시작될 수 있다. 다만 링구아 프랑카 학술 담론은 영어와 같은 특정 언어사용의 변이형에 관심을 갖는 편이다. 서로 다른 개인들이 복수의 언어들을 조합하고 활용할 수 있는 자원성 담론으로는 확장되지 못한다. 한 사회에서 공존하는 서로 다른 언어들은 생태주의, 생태적 언어환경 문헌에서 정당성을 확보할 수 있다.

맥커뮤니케이션 관행은 표준주의 논점을 비판하는 생태주의 지식관과 충돌한다. 언어사용과 교육환경을 생태적 유기체로 바라본다면, 표준어든 방언이든, 모어든 외국어든, 공식어든 소수언어든, 남성의 언어든 여성의 언어든, 서로 다른 가치와 기능의 언어들은 서로 공존하도록 배려되어야 한다.

생태주의는 모든 개별적 생명을 존중하며 개체 간의 상호작용성에 관심을 둔다. 다양성과 전체성의 원리를 추구한다. 생태주의 언어학자라면 합리주의 원리에서 포착하기 힘든 모든 기호적 환경에 주목한다. 합리주의에 의해 언어를 효율적으로 예측하고 관리하는 편리함이 넘칠 때, 다시 말해서 삶의 환경을 합리적으로 통제하고자 하면 생태적 언어환경으로부터 인간은 결국 소외된다는 논점도 간과하지 않는다.

다만 생태주의 언어연구자는 아직도 언어소수자(의 언어)에 우선적인 관심을 두는 듯하다. 언어소수자의 정체성, 언어인권, 멸종하는 소수언어의 문제 등을 학술 쟁점으로 부각시킨다. 누군가의 언어사용/학습 기회가 강압적으로 배제되거나 폄하되는 언어제국주의, 언어차별주의(linguism) 문화도 경계한다. 생태주의 담론은 이항으로 대립시키는 모든 종류의 분리주의, 어떤 언어든 지나치게 우상화하는 모든 관행에 거리를 둔다. 그러면서 주류 언어든 소수언어든, 크고 작은 언어 사용집단이 관계를 맺고 함께 공존할수 있는 전체 언어사용 집합체의 권리와 공존적 상호작용이 자주 언급된다.

생태주의는 다양한 언어들이 공존할 수 있는 총론적인 토대로 부족함이 없지만 복수의 언어(기호)들을 사용하고 가르치는 구체적인 현장에서 적용이 쉽지 않다. 그런 점에서 보자면 많은 언어 연구자가 전념하고 있는 횡단적 언어실천(translingual practice), 횡단언어 사용(translanguaging) 논점을 언어자원성 담론에 적극적으로 고려해 볼 필요가 있다.

앞서 국가, 기업, 학교가 맥도날드화된 언어(교육)정책에만 치중한다면 결국 언어위생화 시대가 열린다고 지적했다. 규범으로 설정된 '올바른' 언어사용과 표준적인 절차/내용의 학습을 부과한다면, 언어(사용자)에 관한 단일성, 통일성, 영토성, 동질성, 고정성, 사회통합 등의 가치가 지배력을 갖는다. 그러나 질 들뢰즈(Gilles Deleuze)와 펠릭스 가타리(Félix Guattari) 등이 개념화한 횡단성 개념을 언어자원성 담론에 적용한다면 맥도날드화 체계에 대항할 지적 토대가 될 수 있다. 횡단언어주의는 언어, 정체성, 문화 사이를 복잡하고 예측할 수 없는 방식으로 가로지르며 '단일성'에 틈새를 만들며 횡단적 언어사용을 허락한다.

언어는 '극복해야 하는 장벽', '관리해야 하는 대상', '고정된 지리적 장소로부터 형성된 위계적 질서'로 인식되지 않아도 된다. 위계적 질서를 근간으로 둔 서구 중심의 모더니스트 세계화와는 다른 양방향성, 협상이 가능한 포스트모던 세계화의 언어들은 '횡단적 언어실천' 개념으로 이해될 수 있다. 그럴 때 '언어들은 자원'이라는 담론이 보다 선명하게 드러날 수 있다. 언어는 이제 인지적 구조, 독립적 객체, 규범적 문법, 동질화된 공동체의 소속감으로만 보지 않아도 된다. 혼합된 언어, 다감각적 경험, 사회적 실천, 협상적 전략, 오고 가는 복수의 언어사용 맥락과 레퍼토리의 구축으로도 이해된다. 다양한 기호적 자원, 표정, 눈빛, 자세와 같은 미시적 정보, 그리고 보다 넓은 역사적 배경, 사회정치적 지식과 같은 거시적 정보 등의 다양한 (비)언어적 자원의 횡단적 사용이 허락되는 곳이라면 단일성보다는 상호주관적인 혹은 창발적인 자원성이 더 중요하다.

정해진 영토 안에서 원어민만이 주인으로 인식된 단일언어주의, 사회정치적 이유로 언어(산업)를 계속 위생화시킨 모더니티 사회질서는 좀처럼 변하지 않을 것이다. 그러나 다중적 언어자원이 축적되고 횡단적 언어사용의 실천이 눈앞에 자꾸만 보인다면 언어를 자원으로 바라보는 대안/대항 담론이 결국 드러날 것이다.

21세기를 넘어오며 국내 언어사회를 휘몰아친 영어 열풍의 빈자리에 기득권력이 아직도 미련을 버리지 못하고 있다. 수능에서 영어과 절대평가를 폐지하자고도 하고, 국가영어인증시험(NEAT)을 다시 부활해야 한다고 주장한다. 그러나 내가 보기에 그만한 빈자리에 영어 열풍이 채워지지 않을 것이다.[07] 차라리 우리

---

07. 2008년 2월 5일 《매일경제》는 '소득 2만 달러 넘은 한국, 이제 이민수입국'이란 기획기사를 내며 2020년에 국내 체류 외국인 수가 250만 명을 넘고 총인구 대비 5%를 차지할 것이며, 2050년에는 외국인이 400만 명으로 전체 인구의 9.2%를 차지할 것으로 예측했다. 영국과 같은 유럽 복합민족국가에는 대개 10% 내외의 이주민이 살고 있다. 코로나 사태가 있었지만 2017년만 해도 국내에 체류한 외국인은 전체 인구 4% 수준이었다. 대중매체에 등장하는 외국인 대상의 방송, 해외에서 촬영한 방송물은 낯설지 않다. 외국인 400만 명 시대가 된다면 인구 10명 중 1명이 한국어를 모어로 사용하지 않는 외국인이다. 인근 국가인 중국과 일본은 전통적으로 다민족, 다문화, 다중언어 사회구조에 배타적 입장을 가져왔지만, 큰 폭으로 경제성장을 해온 한국은

는 이제 접촉, 혼합, 횡단의 인문적 가치로부터 '다중언어로 전환 (multilingual turn)'을 새롭게 기획해야 한다. 영어를 이상화시켜서 세계화로 가는 경로라는 차별적 지위를 독점적으로 부여하지 말고, 우리가 보유한 모어를 포함한 이중언어적 경험과 다양한 링구얼 집단을 새롭게 바라보아야 한다.

3) 적정교육, 지속가능한 언어교육, 사회적 경제구조 탐색

모더니티의 과잉을 지나 이제 마법적 맥락화마저 당연해지고 있는 언어산업의 관행을 바라보면 목표언어(교육)가 과연 적정 수준으로, 평생, 누구나 학습할 수 있는 공공재나 사회적 자원으로 인식되고 있는지 의문이다. 경쟁, 효율, 수익 논리만 넘치게 하지 말고 지역성(locality), 생활, 일상, 형편을 고려한 적정교육(appropriate pedagogy) 가치가 고려되어야 한다. 적정성을 훌쩍 넘어버린 테크노폴리식, 디즈니화 언어교육을 당연하게 소비하지 말고 시장에서 언어사용 능력이나 관련 교육평가 활동이 과장되지 않았는지 점검해야 한다.

앞서 살펴본 링구아 프랑카, 생태주의 언어환경, 횡단적 언어실천이 현장에서 수용되려면 저항과 해방의 수사보다는 자원과 공공성의 언표가 전략적인 접근일 수 있다. 거창한 정치적 주장보

유럽형 복합민족사회의 구조를 아마도 수용할 것이란 예측이 많다. 외국인 고용에 따른 다문화, 다중언어 사회에 대한 심적 부담은 있지만, 국내 경제구조의 개편, 고용 효과를 지나치기 힘들기 때문이다. 팬데믹 상황이 지나가면 이와 같은 예상치는 크게 벗어나지 않을 듯하다.

다 언어사용/학습이 각자의 삶에 기회였고 자원이었음을 서술한 자료가 필요하다. 서사 기반의 연구/교육자료는 언어교육이 복지 체계나 사회적 인프라 구성에 왜 필요한지 유의미하게 인용될 수 있을 것이다.

국제기구나 비영리단체도 '지속가능한 발전목표(sustainable development goals)'를 위한 실행 안에 언어 관련 항목을 반영시키고 있고, 소외되고 낙후된 지역과 계층의 학습자를 배려하기 위한 적정교육 역시 언어정책에 고려되고 있는 만큼, 관련 학술 담론이 학제적 연구자들에 의해 부지런히 생성될 필요가 있다.[08] 지속가능한 발전에 대해 적극적인 관심이 있다면 집약적 시스템보다 분산적 성장모형을 꼭 다뤄야 한다. 그럼 고부담-효율적 시험정책보다 저부담 의사결정에 기반을 둔 언어교육정책이 부각될 수 있다.

언어의 자원성 담론을 확장시키려면 '사회적 경제'와 같은 대안적 경제조직 역시 주목해야 한다. 언어를 자원으로 보자는 사회적 인지를 학계만이 감당하기는 힘들다. 어린 학생들이든, 다문화가정 구성원이든, 유학생이든, 그들을 위한 언어사용/학습 기회를 저가로 그리고 비경쟁적인 공급으로 학교 밖에서 감당하기도 해야 한다. 다양한 종류의 사회적 기업, 협동조합 등이 등장하지 않고 국가, 학교, 혹은 사기업이 언어자원성 담론을 이끌어가기는 힘들다.

언어를 놓고 사회적 경제조직이 등장한다면, 언어학습자가 고부담 시험에서 고득점을 확보해야 하고 사교육도 꼭 받아야만 하

---

08.   신동일, 서예진, 〈지속가능발전과 적정교육을 위한 생태주의 언어교육의 탐색〉, 《다문화와 평화》 11(2), 2017, 59-82쪽.

는 현재 언어시장의 관행에 대안이 될 수도 있다. 맥도날드화 과정을 거치지 않아도 다양한 내용과 경로로부터 습득되는 언어, 보다 관계적 속성이 드러나는 언어공동체, 진학과 취업의 필요로 사용되는 수준이 아니라 평생학습이나 정체성교육에 필요한 언어교육, 또는 복수언어를 횡단적으로 사용해야만 하는 사람들을 돕고 지지하는 대안 담론의 생산자가 등장하는 것이다.[09] 시장과 국가를 대립시키거나, 수입시험과 토종시험을 애써 대립시키지 않아도 된다.

언어자원성 담론을 발굴할 때 유의해야 할 점이 있다. 언어자원성은 자칫하면 경제주의, 국가주의로 포획된 지배 담론에 의해 침잠되거나 오독될 여지가 있다. 언어가 자원이란 논점은 언어산업을 수익으로 보는 기존 담론과 손쉽게 공모될 수 있다. 예를 들어, 국가의 산업이나 학교의 경쟁력을 발전시키기 위해 영어가 중요하고 필요하니 개인들이 영어를 습득하고, 학습하고, 사용하는 경로에 집단적으로 동원되어야 한다는 발전 이데올로기는 언어를 또다시 탈맥락적인 도구로 전락시킬 수 있다. 개발주의(developmentalism)의 도구가 된 언어는 언제든지 언어사용자 간의 갈등, 사회적 불평등을 유도할 수 있기에 언어가 자원이고 사회적 인프라가 된다는 이데올로기는 그런 점에서 모순과 한계를 가질

---

09. 사업적 기업가, 적정교육 등의 구체적인 해외 사례나 추가 논점은 다음 문헌 3장을 참고할 수 있다. 신동일, 《앵무새 살리기: 더 좋은 언어사회를 희망하며》, 박이정, 2020. 신자유주의 시대풍조의 골이 깊어질수록, 언어의 공공재 속성을 주목하면서 소외계층, 외국인 유학생, 다문화가정, 다중언어 사용자, 탈북자 등을 유연하게 도울 수 있는 기업, 그들을 위한 사회공헌지수를 조직의 성장으로 보는 기업, 학습부진아, 언어소수자, 청소년 학습자들의 권리와 정체성에 투자하는 기업을 더욱 절실하게 기다려 본다.

수밖에 없다는 것을 인정해야 한다.

자원이 되는 언어는 언어정책의 적극적인 개입이 없다면 시행될 수 없고, 국가와 같은 큰 힘이 의식적으로 정책의 집행에 개입하면 문제가 발생하는 역설적 상황을 놓고 추가적인 담론경쟁이 필요할 것이다. 개발과 발전의 개념을 근본적으로 문제화하는 논점도 주목하면서 지속가능한 발전, 국가의 개발주의, 진보적 사회가치의 의미를 놓고 학제적 논의를 시작할 때이다.

6. 제안

언어교육사회에 모더니티 가치가 넘칠 때 언어는 자꾸만 수익, 표준, 기술, 경쟁, 공리, 수단, 소유의 논점으로 대상화된다. 그럼 천천히 배우거나 산만해 보이는 언어, 돈이 안되는 언어, 기술적 매체에서 포장할 수 없는 언어, 위협적이지 않은 환경에서 횡단적으로 통용되는 언어들은 계속 폄하될 수 있다. 마찬가지로 언어를 붙들고 살아가는 삶의 방식 역시 산만함이 허락되지 않고, 돈 되지 않은 일은 하지 못하며, 위협적인 경쟁 환경에서 이겨야하며, 모든 일상이 기술적인 매체로 관리될 수 있다. 언어가 위축되는 곳이라면 언어를 사용하는 우리의 삶 역시 위축될 수밖에 없다. 언어가 상품이 되고, 기술이 되면, 언어를 사용하는 우리의 삶도 상품이 되고 기술이 되는 것이다.

모더니티 가치가 넘치는 (혹은 포스트모더니티를 어색하게 결합한) 언어교육사회의 구조는 좀처럼 변하지 않겠지만, 학계부터 앞장서서 뭐라도 해야 한다. 우선 언어에 관한 전환적 사유체계(비판적, 담론적, 기호적, 공간적 전환 등)를 수용할 수 있는 학술단체와 학술지 운동이 시급하다. 국내 학계는 '비판'이란 수식어가 붙은 언어연구 학술지 하나 없는 형편이다. 대항과 대안의 언어담론에 관심을 두고 있는 학자 집단은 국내에서 마땅히 활동하고 싶은 학술단체조차 없다고 한다. 대안적인 공간, 실험적인 학교에 의해 새로운 언어사용의 실천과 관행이 허락되고 그걸 보고하고 공유할 수 있는 현장 역시 필요하다.

그중 가장 시급하며 실천에 옮길 수 있는 건 관행적으로 사용되고 있는 고부담 언어시험을 경계하자는 사회적 캠페인이다. 사회적 보상을 허락하는 언어시험 기반의 고부담 의사결정은 다양한 언어사용과 자원성에 관한 상상력을 사멸시킨다. 너무 중요하다고 서로 힘이 잔뜩 들어간 시험준비 현장에서는 언어에 관한 자유와 재미가 없다. 언어가 자원이 될 수 있는 최선(다양한 가치들이 공존하는 자유로운 언어사회)을 상상할 수 없다면, 언어가 자원이 될 수 없도록 방해하는 최악(고부담의 조건으로 학습하고 평가하는 언어교육사회)만이라도 경계하고 비판해야 한다.

핵심 참고문헌

Bryman, A.(2004), *The Disneyization of society*, London: Sage.

Ritzer, George(1996), *The McDonaldization of society: an investigation into the changing character of contemporary social life*, Thousand Oaks, Calif.: Pine Forge Press,

신동일, 박수현, 김가현, 조은혜, 심우진(2017), 《접촉의 언어학: 다중언어사회의 교육과 정책》, 커뮤니케이션북스.

신동일(2019), 〈영어에 관한 욕망, 자기배려, 인정의 이해: 정체성에 관한 학제간 연구의 탐색〉, 《응용언어학》 35(3), 125-162쪽.

신동일(2020), 《앵무새 살리기: 더 좋은 언어사회를 희망하며》, 박이정.

이주시대의 언어 현실과 정책

이주시대의 언어를 정의하다

더글러스 키비(일리노이 대학교 어바나-샴페인 교수)

우리 인간이 지니고 있는 본질적 특성인 언어는 인간의 경쟁적인 본성과 사회성, 개체성을 반영하고 있다. 언어는 통합을 가능하게 해주는 사회적 관습이자 개인의 경험과 창의성을 표현한 것이다. 이러한 맥락 속에서 '언어 현실'을 정의하는 것은 결코 간단한 일이 아니다.

이번 콘퍼런스는 우리 시대 언어 현실에 대한 이해가 국내 및 국외 이주라는 도전에 직면한 정책 입안자들의 필요에 어떻게 부합할 수 있을지 자못 궁금증을 불러일으키는 주제를 다루고 있다. 주제에 부응하는 차원에서 정책을 결정하는 데 적용되는 기본 개념과 그것이 '언어 현실'에 미치는 실질적인 영향을 살펴보려고 한다.

국제 선언과 각 나라의 국가 헌법은 사회적 상호작용을 위한 이상을 제시하고 있다. 유엔이 제정한 세계인권선언(1948년) 전문은 "모든 인류 구성원의 천부(天賦)의 존엄성과 동등하고 양도(讓渡)할 수 없는 권리를 인정하는 것이 세계의 자유, 정의 및 평화의 기초"라고 선언하고 있다. 제2조에서는 "모든 사람은 어떠한 종류의 차별도 없이 이 선언에 규정된 모든 권리와 자유를 향유할 자격이 있다"고 명시하였다. 명시된 차별 가운데 하나가 '언어'이다.

　　이러한 권리는 종종 '소극적 권리', 즉 비합리적인 차별 금지라고도 불린다. 재산, 성별, 인종, 종교에 기초한 장벽 등 다양한 형태의 불평등이 존재하는 것으로 인정되었다. 시간이 흐름에 따라 그 같은 차별이 감소되었지만, 아직 완전히 제거되지는 않았다. 언어 장벽은 눈에 잘 띄지 않는다. 그런 까닭에 오늘날 용납되지 않는 차별을 대신하는 역할을 빈번히 수행해 왔다. 수많은 국제 선언에서 불평등의 원천으로 언급하고 있음에도 불구하고, 언어와 언어 공동체가 보호받지 못하는 일은 자주 발생한다. 미국이나 프랑스 같은 곳에서 쉽게 그 사례를 찾아볼 수 있다.

　　미국 헌법은 다음과 같은 서문으로 시작한다. "우리 미국 국민은 보다 완전한 연합을 형성하고, 정의를 확립하고, 국내의 평안을 보장하고, 공동으로 방어하고, 국민 복지를 증진하고, 우리 자신과 우리의 후손들에게 자유의 축복을 보장하기 위하여, 이 미국 헌법을 제정한다." 대한민국 헌법 전문도 이와 비슷하게 "정의·인도와

동포애로써 민족의 단결을 공고히 하고, 모든 사회적 폐습과 불의를 타파하며, … 각인(各人)의 기회를 균등히” 할 것을 염원한다.

국제 협약과 국가 헌법 모두 사람들 사이의 평화로운 관계를 형성하기 위한 수단으로 이러한 개별적 권리를 보장하고 있는 것이다. 정의, 통합, 평등이라는 이상은 정책 결정을 통해 실천되어야 한다. 언어적 측면에서 보았을 때, 통합과 평등의 관계에 따라 정의가 실현되는 방식이 크게 달라질 수 있다.

언어 정책은 우리 스스로 언어가 무엇인지를 정의하고 국가의 개입을 통해 언어의 사용을 규제할 수 있다고 가정한다. 언어 정책은 교육, 법체계, 기타 정부 서비스 같은 일반적인 국가 기능에 사용될 수 있는 언어와 언어의 형태를 규제하거나 규제하려고 시도한다. 이러한 관점에 서서 보자면 언어는 현실 화자(話者)의 외부에 존재하는 ‘영어’ 또는 ‘프랑스어’라고 불리는 별개의 실체다. 영어라는 언어는 어느 한 개인의 언어가 아니라, 개인의 언어적 역량과는 구별되는 공유된 의사소통의 수단이다.

언어는 문법과 사전이라는 형식으로 기술되고, 오늘 우리가 축하하는 한글과 같은 문자 체계의 창안을 포함한 다양한 형태의 문어적 용도로 쓰이게 된다. 이처럼 언어는 도구화됨으로써 사회 구조를 강화한다. 그러한 사회 구조는 사람들 사이의 이주가 크게 증가하면서 도전에 맞닥뜨리게 되었다.

지금까지 살펴본 내용과는 상당히 다른 언어 현실에 대한 개

넘이 존재한다. 개인이 일생 동안 살아가면서 겪어야 했던 언어적 수단과 그 밖의 기호적 수단을 포함한 모든 의사소통 방법을 혼합해 만들어내는 개인의 삶의 발자취와 개인의 창의성을 강조하는 입장이다. 언어하기(Swain 2006), 횡단언어 사용(García 2009), 이종어(Blackledge & Creese 2014), 기호체계 해석(Canagarajah 2014) 등의 여러 용어가 언어의 이러한 비전을 담아내기 위한 노력의 산물이다. 이러한 관점의 공통점은 그 같은 언어적 창의성을 평가하는 수단으로 언어 교육에 초점을 맞추는 점이다.

횡단언어 사용(translanguaging)은 (사용 가능한 용어 중의 하나를 정확하게 선택하기 위해) 어느 개인 특유의 언어 현실을 포착하여 우리가 언어라고 부르는 추상적 체계의 존재에 도전한다. 하지만 문제는 이 방식이 인간 상호작용의 중심인 규범을 고려하지 않는다는 사실이다. 횡단언어 사용은 이주(移住)의 영향을 아주 크게 받는다. 이주는 개인을 다양한 표현 수단에 노출시킨다. 개인들은 자신의 경험을 녹여내 무한할 정도의 개인 특유의 언어를 만들어낸다. 정책 입안자들은 인간 행동의 규범을 협의하는 일에 초점을 맞추기 때문에, 이러한 언어적 현실 속의 개인이라는 개념을 고려해 정책을 만드는 일은 거의 없다. 이제 이주가 언어 현실에 미치는 영향에 대해 생각해 보자.

미국에서 이주는 다음과 같은 두 가지 형태로 나타난다. 첫째는 표준어로 규정된 형태의 영어를 사용하는 사람들의 미국 내에서의 이주이다. 둘째는 비록 미국이 공식어(公式語) 제도를 두고 있는 것은 아니지만, 지배적인 언어에 동화될 것으로 예상되는 외국인들의 해외로부터의 이주이다.

이 두 가지 종류의 이주는 특정한 사회 질서를 유지하기 위해 만들어진 구조에 대한 도전이다. 언어는 그러한 구조 가운데 하나이다. 이주는 또한 이러한 언어의 본질을 변화시킨다. 때로는 아주 신속하게, 때로는 장구한 시간에 걸쳐 변화를 촉진한다. 정책은 이러한 변화와 도전에 대응하기 위해 고군분투한다.

정책은 법체계, 민주주의 선거 절차, 교육 체계를 포함한 정부가 일반적으로 제공하는 서비스와 관련이 있다. 오늘은 이 세 가지 공공 서비스 가운데 한 가지 측면인 법체계만 다루고자 한다.

개인주의의 이념과 표준어의 이념은 언어 개념의 정반대 끝에서 있다. 하지만 이 둘은 이주와 거기에서 초래된 표현수단의 결과적 혼합물이라는 점에서 서로 교차되는 부분이 있다. 이것은 새로운 현상이 아니다. 영어는 로마어(Romans), 앵글어(Angles), 색슨어(Saxons), 그리고 프랑스어와 같은 여러 침략 언어들의 혼합물이다. 역사를 반추해 보면 서양과 동양 모두에서 제국의 침략은 어느 언어를 막론하고 언어의 어휘, 문자 체계, 발음, 문장 구조 등에 큰 영향을 미쳤다.

언어의 토대 위에서 국경이나 국내의 정치적 분열상이 그려지곤 한다. 이처럼 언어는 국가 또는 국내적으로도 여러 정치체 내부의 소속성을 정의하는 기준이 되곤 한다. 그러므로 국경을 넘나드는 이주는 국내적으로는 태생적 언어 구조, 그리고 대외적으로는 서로 다른 언어 공동체 간의 관계에 대한 도전이다. 정부 형태의 체제가 확대될수록 언어 정책은 정치의 필수 요소가 되었다.

나는 한국어와 관련된 이주의 역사와 이주민들이 한국어에 미친 영향을 제대로 알지 못한다. 따라서 이번에 제시하는 논거의 예시는 내가 잘 아는 미국의 상황을 가지고 할 것이다. 모든 나라의 문화 현실은 제각기 다르지만, 제기된 정책 이슈들은 같을 수도 있고 서로 다를 수도 있다. 민족사를 탐구하는 속에서 여러분이 알고 있는 상황과의 유사점과 차이점을 생각해 보기 바란다.

전 세계적으로 이민이 사상 최고치를 기록하고 있다. 유엔 이주 보고서(2020년)에 따르면, 전 세계 인구 30명 중 1명꼴인 2억 7,200만 명이 자신의 출생국가가 아닌 다른 나라에서 사는 것으로 나타났다. 이들 중의 대다수는 직업이나 학업을 목적으로 이주한 것으로 조사되었다. 페르시아만 주변의 몇몇 토후국에서는 이주 노동자의 숫자가 원주민 인구보다 많다.

미국에서는 불법 이민을 제외하고도 전체 인구의 10% 이상이 외국 태생이다. 20세기와 21세기의 이민자 중에는 스페인어를 사용하는 국가에서 온 사람들이 가장 많다. 미국 전체 인구의 16% 이상이 '라틴계'로 특정된다. 이들 중에는 스페인어 한 가지만 사용하는 단일 언어 사용자와 스페인어를 모르는 라틴 아메리카 출신의 광범위한 범주의 사람들이 포함되어 있다. 1965년에 차별적 이민 관행이 종료된 이후로는 아시아 국가에서 온 이민자가 라틴계 이민보다 빠르게 증가했다.

국제적인 이주와 더불어 미국 내에서의 이주도 광범위하게 나타난다. 해마다 대략 11%의 미국인이 다른 곳으로 이주한다. 미국 내 이주의 3분의 1은 다른 카운티(county)나 다른 주(state)로 거주지를 옮기는 경우다(미국 인구 센서스 수치). 그들은 그동안 사용하던 것과는 다른 다양한 종류의 영어를 접하게 된다. 한 도시나 카운티 내에서도 사회 계층, 출신 민족, 교육 수준에 따라 상당히 다른 영어가 사용된다(예를 들면 뉴욕 영어를 대상으로 한 Labov의 연구와 Johnstone의 *Speaking Pittsburgh English*를 참조할 것).

미국에는 3가지 유형의 광범위한 영어 사투리가 존재한다. 그 것은 첫째, 발음(Harvard/Havahd), 둘째, 어휘(탄산 음료를 지칭하는 pop과 soda), 그리고 셋째, 문장(예를 들면 '세차해야겠다'를 다음과 같이 다르게 표현한다. the car needs to be washed / needs washed / needs washing)과 관련된 것이다. 4권으로 구성된 《미국 지역별 영어 사전*Dictionary of American Regional English*》은 그러한 다양성을 증명한다. 이러한 언어상의 차이는 미국 내부 및 국제 이주에 의해 발생하였다.

뉴잉글랜드와 뉴욕 주에 살다가 이리 운하(Erie Canal)와 5대호를 거쳐 미국 중서부의 북부 주(일리노이, 미시간, 위스콘신 등)로 이주해 살고 있는 사람들은 'greasy'의 s를 '스(s)'로 발음한다. 반면에 캐

롤라이나에서 컴벌랜드(Cumberland) 산맥을 넘어 중서부의 남부(오하이오 주 남부, 인디애나 주, 일리노이 주)로 이주한 사람들은 'greasy'의 s를 '즈(z)'로 발음한다(Atwood 1950).

1920년대에 남부 시골에서 북부 도시로 옮겨 간 아프리카계 미국인들의 '대규모 이주'는 오늘날 아프리카계 미국인의 사투리로 간주되는 독특한 언어적 특징을 확산시켰다. 이는 일반적으로 아프리카계 미국인의 토착 영어(AAVE: African-American Vernacular English)라고 불린다. 이와 유사한 방식으로 백인 노동자들은 미국 남동부 애팔래치아 지역(Appalachian region)에서 북부 공업도시로 이주했는데, 그들 역시 사용하는 영어 때문에 차별에 직면하곤 하였다(Walker 2013).

이러한 차이는 사소한 것으로 느껴질 수도 있다. 하지만 사회적 가치 판단을 좌우함은 물론 정책 결정에도 영향을 미친다. 이주하는 개인과 그들에 의해 형성된 인구층이 끊임없이 달라지는 언어 현실을 만들어내면서, 지역사회의 언어와 개인들의 교차언어는 움직이는 과녁이 되고 있는 셈이다. 이 글에서는 이러한 언어 현실이 초래하는 정책적 시사점 몇 가지를 살펴보겠다. 구체적으로는 형사 재판 영역을 들여다보려고 한다.

현대 민주주의의 평등과 정의의 이념은 법률 영역에 마련되어 있는 몇 가지 메커니즘을 통해 추구된다. 정책은 효율성을 바탕으로 정당화되곤 한다. 하지만 그 효율성은 때때로 국가 엘리트들의 민족적, 계급적 편견을 숨기는 장치이기도 하다. 이상적인 정책과 실용적인 정책 사이의 협상은 끝이 없다.

이러한 협상을 입증하는 사례로 먼저 최근에 캘리포니아 법원에서 있었던 한 사건(People v. Lacey 2020)을 중심으로 살펴보겠다. 형사 사법체계의 중요한 부분인 배심원 선발과 국제 이주가 어떠한 관계에 있는지 그 함축적 의미를 고찰할 수 있을 것이다. 평등과 정의의 이념은 배심원들이 공정한 역할을 수행함으로써 무죄나 유죄의 결정이 내려질 수 있도록 법적 절차에 의해 보장되어야한다. 공정성을 보장하기 위해서는 지역사회의 사회구성을 반영한 배심원의 선정이 중요하다. 일반적으로 배심원 선정의 공정성을 확보하기 위해 자격을 갖춘 유권자 명부나 운전면허 등록 명부에서 추첨하여 배심원을 선정한다.

중립적인 것처럼 보이는 이 기준은 오히려 재판에 불공정한 영향을 미칠 수 있다. 여성은 1919년까지 투표가 허용되지 않았으며, 대다수 주의 배심원직에서 배제되었다. 남북전쟁이 끝나고 나서의 재건(Reconstruction, 1876년) 이후에도 대부분의 남부 주에서 아프리카계 미국인들의 유권자 등록을 막기 위한 다양한 방법이 동원되었다.

운전면허 등록 명부로 배심원단을 선정하는 것은 모든 사람이 운전면허를 가지고 있다고 가정한 것이다. 하지만 이 기준은 배심원단 구성을 지역사회의 부유한 사람들 쪽으로 쏠리게끔 한다. 참여 가능한 배심원과 실제로 선정된 배심원 간의 차이를 분석한 에이브럼슨(Abramson 2018)은 소수자 집단이 미국 배심원단에 현저히 적은 숫자만이 참여하는 과소대표성이 나타난다며, 그 같은 현상을 초래하는 요소들을 요약 설명하고 있다. 성별, 인종, 사회적 계급 차별은 지역사회의 단면을 반영한다는 환상을 무너뜨린다.

지난 한 세기 반 동안 '지역사회의 단면'이라는 개념을 확장하는 과정에서 천천히 협상에 협상이 거듭되었다. 1880년의 판결(Strauder v. West Virginia)은 배심원단에서 아프리카계 미국인을 배제하지 못하게 했지만, 남부 주들은 아프리카계 미국인을 배제하기 위해 재빨리 다른 수단을 강구했다. 1870년부터 1964년에 걸쳐 주별로 배심원 선정이 여성으로까지 확대되었다.

일단 예비 배심원단이 구성되면, 검찰과 피고인측 모두 정당한 사유 없이도 일정한 인원의 배심원 후보자를 거부할 수 있다. 그 같은 절차를 거쳐 최종 배심원이 선정된다. 변호인이 인종, 성별, 민족성 등의 이유로 배심원 후보들을 자동적으로 배제하는 차별적인 방식(Batson v. Kentucky 1986에서 가장 현저하였음)을 사용해서는 안된다. 이 같은 '독단적인 스트라이크'를 활용하는 것은 지난 40년간의 법원 판례에 의해 금지되었다.

그러나 언어를 기반으로 한 차별은 허용된다(Gonzales Rose 2014, 2020). 일반적으로 연방법원과 주법원에서 배심원 후보가 될 수 있는 기본 요건은 영어를 읽고 쓰고 말하는 것이다. 배심원이 '영어를 읽고, 쓰고, 말할 수 있다'는 것은 무엇을 의미할까? 예비 배심원들에게 공식적으로 어학 능력을 테스트하는 일은 없다. 종종 예비 배심원이 배심원의 직무를 수행할 만큼 영어를 잘하지 못한다고 스스로 법원에 말하는 자기 선택에 의해 평가가 이루어지기도 한다. 한편 최종선발에 앞서 각 예비 배심원들은 질문지를 작성하게 되어 있다. 작성된 질문지에 대한 판사의 평가는 배심원 선정에 영향을 미친다. 또는 최종선발 과정에서 변호사가 구두로 질문하는 경우가 있는데, 답변에 대한 변호사의 비공식 평가 역시 중요하다. 판사와 변호사는 언어 능력을 평가하는 교육을 거의 받지 않는다. 이는 개인적이고 비과학적인 판단이 아닐 수 없다. 자연히 깊이 있는 언어 능력보다는 발음에 의존하는 경우가 많다. 영어가 능숙하지 못한 사람(LEP: Limited English Proficient)을 배심원단에서 제외하면 어떠한 결과가 나타날까? 일부 사법권역에서는 이러한 배제가 공정한 재판의 보장이라는 공정성을 심각하게 훼손한다. 맥캔(McCann 2016, p.358)은 텍사스 주 이달고(Hidalgo) 카운티에서 인구의 25%가 LEP로 여겨져 자동으로 배심원 후보군에서 제외된다고 지적했다. 인구의 28%가 LEP로 여겨지는 뉴저지 주 허드슨(Hudson) 카운티 같은 이민자가 많이 거주하는 다른 사법권역에서도 비슷한 수치가 나타난다. 허드슨 카운티에서는 성인 1,900명의 모국어가 한국어인 것을 비롯해 14가지의 다른 모국어가 확인되었다(뉴저지 보고서 2014).

이러한 문제를 해결하기 위해 뉴멕시코 주의 주 헌법은 영어 실력이 부족하다는 이유로 누구도 배심원의 의무에서 배제되지 않도록 보장하고 있다. 그 해결책은 통역사가 필요한 배심원에게 통역사를 제공하는 것이다. 물론 이 경우에도 다음과 같은 현실을 마주하게 된다. 통역사가 필요한지를 판단할 수 있는 재량은 법원에 있는 것이다. 통역사를 고용하기 위해서는 상당한 비용이 드는 데다 자격을 갖춘 통역사가 모든 수요를 충족할 만큼 많은 것도 아니다. 신속한 재판이라는 이념은 공정한 배심원단의 구성이라는 이념과 충돌한다.

나머지 49개 주에서는 배심원을 위해 통역사를 제공하는 일이 극히 드물다. 이 같은 영역에서의 언어 현실의 문제를 자세히 알아보기 위해, 캘리포니아 법원에서 실제 발생한 사건(People v. Lacey 2020)을 살펴보겠다. 이 살인사건 재판이 마무리 국면에 접어들었을 때, 심의에 참여하고 있던 '27번 배심원'은 결국 언어 능력의 문제로 배심원단에서 물러나게 되었다. 배심원의 심의가 시작되면서 27번 배심원은 다른 배심원의 도움을 받아야 했다. 그는 영어와 스페인어를 모두 구사할 줄 아는 배심원들에게 스페인어로 물어 가며 도움을 받았다. 그가 자신의 생각을 표현하려 하면, 다른 사람들은 영어와 스페인어를 섞어 쓰는 그의 말을 이해하는 데 어려움을 겪었다.

그의 화법은 두 가지 언어를 쓰는 이민자들에게 흔히 나타나는데, 초점을 어디에 두느냐에 따라 스팽글리시(Spanglish: 스페인식 영어) 또는 잉글레스파뇰(inglespañol: 스팽글리시의 스페인어 표현)이라고 불린다(Casielles-Suárez 2017). 스팽글리시 및 잉글레스파뇰이라는 용어는 이에 대한 일부 사람들의 가치 판단을 담고 있어 논란의 여지가 있다. 모든 이중언어 사용자들마다 구사하는 언어의 양태가 다르기 때문에, 이러한 '언어'는 언어적 설명이 불가능하고, 그래서 횡단언어와 같은 대체용어로 이어진다.

27번 배심원이 나머지 배심원들과 의사소통이 쉽지 않았기 때문에 판사와의 면담이 이루어졌다. 확실히 그는 판사의 일부 질문을 제대로 이해하지 못했고, 적절한 대답도 하지 못했다. 이 대화의 녹취록을 보면, 27번 배심원은 아래에서 볼 수 있듯이 영어에 스페인어 단어를 섞어 나열하기도 하고, 스페인어 문장에 영어 단어를 포함하거나 영어 문장을 스페인어처럼 사용하기도 했다.

- English no is very well(영어 못 아주 잘해요)

 :부정어의 선택 및 적재적소 배치, 'well'과 'good'의 구별

- No need it, no understand(그거 필요 못해요. 못 이해해요)

 :주격 대명사와 보조동사 'do'가 없음

- He asking me maybe two time, maybe three times I prefer if one interpreter, because he probably no understand my English I talking(그는 내가 말하는 영어를 못 이해할지도 모르기 때문에, 내가 한 통역사를 원하는지 두 번, 세 번

쯤 내게 물어봄)

　:문법에 어긋난 진행형 시제, 'if'의 배치, 숫자와 부정관사의 혼동 (스페인어에서는 숫자 one과 부정관사 an이 동일한 단어임), 보조동사 'do'가 없음 ('did not understand'가 올바른 표현임)

　- I talking how thinking pero no-no perfect(나는 어떻게 생각을 못 완벽 말해요)

　결국 판사는 27번 배심원이 영어 실력이 부족하다고 판단해 그를 배심원단의 추가 심의에서 제외시켰다. 동시에 판사는 그가 배심원 활동을 계속해서 원활하게 맡을 수 있도록 통역사를 고용하자는 주장을 거부했다. 변호인 측은 27번 배심원의 해임이 그들의 의뢰인이 공정한 재판을 받을 권리를 훼손할 수 있다고 항의했다. 아마도 27번 배심원의 인생 경험이 법정에서의 증언과 피고인의 유무죄에 다른 관점을 제공할 것으로 여겼기 때문이었을 것이다. 그의 의견은 언어 소통이 제대로 이루어지지 않는다는 이유로 묵살되었다.

　국제 이주로 인해 우리의 공정, 평등, 정의라는 기본 원칙이 훨씬 더 크게 도전을 받는 언어 현실이 나타나고 있다. 국내 이주가 초래하는 언어 현실에서도 이와 유사한 과제가 등장한다.

　이 글의 마지막 주제는 아프리카계 미국인의 토착 영어(AAVE: African-American Vernacular English)이다. AAVE가 법정에서 쓰일 때 사투리 그 자체 그리고 그 사투리에 대한 태도에서 발생하는 몇 가지 문제를 다루겠다. AAVE는 수백만 명의 아프리카인들을 북아메리카로 데려온 노예 무역에서 유래하였다. 그들 아프리카에 뿌리를 두고 있는 사람들 사이에서 공통적으로 사용되는 다양한 조합으로 구성된 특이한 언어적 특성과 단어들을 포괄하는 광범위한 용어이다.

일반적으로 아프리카 출신의 최근 이민자들은 AAVE 사용자에서 제외된다. 최근 이민자들의 언어 경험이 국제 이주에 해당하기 때문이다. 더불어 카리브해 지역에서 온 최근 이민자들(예를 들면 자메이카 영어[Jamaican English] 사용자들)도 어느 정도 제외된다. 과거 노예의 후손들이 미국 남부 농촌 지역에서 북부와 서부 공업지대로 이주하면서, AAVE는 미국 전역으로 퍼져 나갔다.

오랫동안 그저 '저급한 영어'로 치부되었던 AAVE는 지난 50년 사이에 AAVE만의 규칙과 어휘를 지닌 영어 사투리로 인정되었다. 이와 같은 다양한 영어를 모국어로 사용하는 학생들의 교육 효과를 향상하기 위해 AAVE에 보다 계몽적인 시각을 적용하려는 몇 가지 시도가 있었다.

우리는 오늘 미국 사법체계가 AAVE를 어떻게 대하는지 살펴보려고 한다. 그것은 국내 이주에서 초래된 언어 현실을 정책이 어떻게 해석하는가를 보여주는 한 가지 사례이다. 가장 큰 문제점은 이 사투리가 굳건히 자리잡은 언어임에도 불구하고 최소한의 보호조차 받지 못한다는 사실이다.

연방법원 통역법(Federal Court Interpretters Act)은 통역 제공 대상자를 '기본적으로 영어 아닌 언어만을 사용하거나 주로 사용하는 자'로 제한하고 있다(《미국 사법정책 가이드》. Rickford & King 2016에서 인용). 통역은 도감청 증거 해석 등의 법을 집행할 목적으로 요청되지만, 형사재판 피고인의 경우에는 요청되지 않는다(Rickford & King 2016, p.955). 법원에서 사투리에 대한 통역을 허용한다 해도, 이런 맥락으로 통역을 사용하는 데는 다른 문제가 존재한다(Alger 2021, p.101). 모든 통역 행위에는 오류의 위험이 있으며, 통역을 요청하는 행위를 증인이 모욕으로 받아들일 수 있기 때문이다.

그것은 AAVE가 미국 법정에서 다른 방식으로 평가절하되고 있다는 것을 의미한다. 트레이본 마틴(Trayvon Martin)을 살해한 조지 짐머맨(George Zimmerman)의 재판은 미국 국내외의 주목을 받았다. 짐머맨이 마틴에게 접근했을 때 마틴은 레이첼 진텔(Rachel Jeantel)과 통화 중이었는데, 진텔의 증언은 당시 검찰 주장의 핵심이었다.

그녀는 6시간 넘게 증인석에 앉아 있으면서 그녀의 제1언어인 AAVE로 증언했다. 진텔의 증언은 짐머맨의 진술과 정반대였기 때문에 대단히 중요했다. 짐머맨은 마틴이 위협적인 태도로 다가오는 바람에 정당방위로 총을 쏘았다고 주장했다. 진텔의 증언에 따르면, 사실은 마틴이 짐머맨에게서 도망치고 있었고 아무런 위협도 가하지 않았다.

배심원들은 무죄 평결을 내리면서 진텔의 증언을 믿지 않는다고 밝혔다. 재판이 끝난 다음에 텔레비전 인터뷰가 진행되었다. 배심원 중의 한 명은 진텔의 말을 이해하기 힘들었고, 배심원 심의 과정에서 그녀의 증언은 논의되지 않았다고 말했다(Rickford & King 2016, p.950).

변호인단과 법정 속기사(재판에서 나온 발언을 그대로 받아 기록하는 공무원)가 증언을 대하는 태도는, 부정적 이미지가 있는 사투리로 이루어진 증언을 신뢰하지 않는다는 여러 가지 측면을 보여준다. 그것은 내용의 중요성과는 상관없다. 우리가 살펴볼 정책 이슈는 법정 속기사의 역할이다. 법정 속기사는 재판 전의 진술서를 포함하여 재판과 관련된 모든 진술 내용을 완벽하고 정확하게 '문자 그대로(verbatim)' 기록할 의무가 있다. 이들 속기록은 항소 신청이 있을 경우 추가 검토의 기초가 된다.

'verbatim'의 정확한 의미는 속기사가 진술된 말을 토씨 하나 다르지 않게 정확하게 기록한다는 것이다. 진술된 말을 정확하게 쓰기 위해, 법정 속기사는 증인에게 불분명한 진술을 반복해 달라고 요구할 수 있다. 이러한 요구는 그 의도와 상관없이 비표준 영어에 주목하게 만들고, 그 결과 증인에 대한 신뢰성을 무너뜨리고 만다. 레이첼 진텔이 증언을 시작한 다음 30분 동안에만 법정 속기사는 32차례나 진텔의 증언을 가로막았다(Sullivan 2017, p.86).

동시에 법정 속기사들의 공통된 역할은 문장의 문법을 '정리'

하여 '깔끔하게' 만드는 것이다(Alger 2021, p.94). 사투리 어법에 익숙하지 않을 경우, 법정 속기사는 증인이 의도한 의미를 잘못 전달할 수 있다. 진텔은 재판 전의 증언에서, "오지 마(Get Off!)"라고 소리친 게 누구였는지 명확하게 말해 달라는 요청을 받았다. 하지만 공식적으로 기록된 그녀의 답변은 전혀 이해되지 않는 것이었다. 속기록에는 "나는 트레이본을 알 수 없었다(I couldn't know Trayvon)"와 "트레이본의 목소리가 들리지 않았다(I couldn't hear Trayvon)"라고 적혀 있었다.

한 언어학자의 해석에 따르면, 그녀가 "내가 들었는데, 그건 트레이본의 목소리였다(I could an' it was Trayvon)"고 말했다는 것이다(Alger 2021, p.95에서 인용). 이러한 불일치는 피고측 변호인이 진텔이 증언한 내용의 신빙성을 떨어뜨리기 위해 이용되었다.

이것은 법정 속기사의 전문성을 비판하려는 것이 아니다. 오히려 항소를 위한 유일한 기초 자료로 활용되는 법정 속기록이 아주 정확하게 작성되기 어렵다는 점을 인정할 필요가 있다는 것이다. 게다가 증인이 국내 또는 국외 이주의 영향을 받아 다양한 영어를 구사할 경우에는 그 어려움이 더욱 크다는 사실이다.

존스 등(Jones et al. 2019)은 속기록 작성의 정확성을 파악하기 위해 필라델피아 법원의 속기사들을 대상으로 실험을 진행하였다. 속기사들은 AAVE 사투리의 가장 일반적 특징을 담고 있는 진술 녹음을 듣고, 그들이 들은 것을 그대로 옮겨 적었다. 일반적으로 이들 전문가들의 속기록 정확성 비율은 95%에 달한다. 하지만 AAVE를 듣고 기록한 법정 속기사 가운데 가장 높은 정확도는 77%였으며, 가장 낮은 것은 정확도가 18%에 불과했다. 정확도의 평균은 단지 60% 미만에 머물렀다.

법정 속기사들의 3분의 1 가량은 아프리카계 미국인이다. 그럼에도 불구하고 법정 속기사들은 평균적으로 5개 문장 가운데 2개 문장에서 실수를 저질렀다. 국제 이주에 의해 형성된 언어의 혼합으로부터도 이와 유사한 문제들이 당연히 일어날 수밖에 없다.

따라서 공정한 항소 절차를 포함한 공정한 재판이라는 이념은 이주에 의해 촉발된 언어 현실과 부딪치게 된다. 이상과 현실의 간극을 좁히기 위해 여러 가지 정책이 고안되고 있다. 이들 정책은 국제 이주 및 표준 형식의 영어, 프랑스어, 한국어와 같이 '언어'로 식별할 수 있는 개별 실체라는 개념을 연결함으로써 해결책을 찾으려 한다. 하지만 횡단언어 사용이라는 개념에 의해 포착된 또 다른 현실은 언어적 경험이 끝도 없이 다양하게 뒤섞이는 현상을 보여준다.

배심원단 구성의 성격과 법정 속기록의 정확성 같은 특정한 사례는 이상과 현실이 정책적 협의를 통해 지속적인 협상과 재협상을 전개하는 여러 가지 방식 가운데 단 두 가지 경우에 불과하다. 정의, 평등, 공정은 언제나 우리의 손길이 닿지 않는 저 너머에 존재할 뿐이다. 그것이 바로 인간이 처해 있는 현실이다.

참고문헌

Abramson, Jeffrey(2018), "Jury Selection in the Weeds: Whither the Democratic Shore?," *University of Michigan Journal of Legal Reform*, 52, pp.1-48.

Alger, Kaitlyn(2021), "More Than What Meets the Ear: Speech Transcription as a Barrier to Justice for African American Vernacular English Speakers," *Georgetown Journal of Law and Modern Critical Race Perspectives*, 13, pp.87-104.

Angermeyer, Philipp Sebastian(2021), "Beyond Translation Equivalence: Advocating Pragmatic Equality Before the Law," *Journal of Pragmatics*, 174, pp.157-167.

Atwood, E. Bagby(1950), "'Grease and Greasy': A Study of Geographical Variation," *Studies in English*, 29, pp.249-260.

Blackledge, Adrian & Angela Creese(2014), "Heteroglossia as Practice and Pedagogy," In Adrian Blackledge & Angela Creese (eds.), *Heteroglossia as Practice and Pedagogy*, Dordrecht, Springer, pp.1-20.

Canagarajah, A. S.(2011), "Codemeshing in Academic Writing: Identifying Teachable Strategies of Translanguaging," *Modern Language Journal*, 95, pp.401-417.

Casielles-Suárez, Eugenia(2017), "Spanglish: The Hybrid Voice of Latinos in the United States," *Atlantis*, 39(2), pp.147-168.

García, Ofelia(2009), *Bilingual Education in the Twenty-First Century*, Oxford, Wiley Blackwell.

Gonzales Rose, Jasmine(2014) "Language Disenfranchisement in Juries: A Call for Constitutional Remediation," *Hastings Law Journal*, 65, pp.811-864.

Gonzales Rose, Jasmine(2020), "Color-Blind But Not Color-Deaf: Accent Discrimination in Jury Selection," *New York University Review of Law and Social Change*, 44, pp.309-354.

Johnstone, Barbara(2013), *Speaking Pittsburgh English*, Oxford, Oxford University Press.

Jones, Taylor, Jessica Kalbfeld, Ryan Hancock & Robin Clark(2019), "Testifying While Black: An Experimental Study of Court Reporter

Accuracy in Transcription of African American English," *Language*, 95, pp.216-252.

Labov, William(2009) *The Social Stratification of English in New York City*, Second edition, Cambridge, Cambridge University Press.

McCann, Michael(2016), "No un Jurado de Mis Pares: Juror Exclusion of Non-English-Proficient Speakers," *The Scholar: St. Mary's Law Review on Race and Social Justice*, 18, pp.345-379.

Rickford, John & Sharese King(2016), "Language and Linguistics on Trial: Hearing Rachel Jeantel (and other vernacular speakers) in the Courtroom and Beyond," *Language*, 92, pp.948-988.

Sullivan, Grace(2017), "Problematizing Minority Voices: Intertextuality and Ideology in the Court Reporter's Representation of Rachel Jeantel's Voice in the State of Floida v. George Zimmerman Murder Trial," Unpublished PhD dissertation, Georgetown University.

Swain, Merrill(2006), "Languaging, Agency and Collaboration in Advanced Language Proficiency," In Heidi Byrnes(ed.), *Advanced Language Learning: The Contribution of Halliday and Vygotsky*, London: Continuum, pp.95-108.

Walker, Matthew H.(2013), "Discrimination Based on National Origin and Ancestry: How the Goals of Equality Have Failed to Address the Pervasive Stereotyping of the Appalachian Tradition," *Dayton Law Review*, 38, pp.335-361.

참고 웹사이트

New Jersey Report on Limited English Proficient Populations (2014)
https://www.nj.gov/dca/announcements/pdf/DCA%20LEP%2.FINAL_2014.07.29_Compressed.pdf.

Migration Policy Institute data on language proficiency in New Jersey (2020)
https://www.migrationpolicy.org/data/state-profiles/state/language/NJ.

재판 사례

Batson v. Kentucky 476 U.S. 79 (Supreme Court of the United States, 1986).

People v. Lacey California Appeals Unpublished Lexis 4498 (California Court of
   Appeals, 2020).
State v. Zimmerman No. 2012-CF-001083-A (Florida,18th Judicial Circuit Court,2012).
Strauder v. West Virginia 100 U.S. 303 (Supreme Court of the United States, 1880).

외국에 뿌리를 둔 아이들의 언어 보장과 '쉬운 일본어'

이오리 이사오(히토쓰바시 대학교 국제교육교류센터 교수)

1. 머리말

2020년 현재 일본에는 대략 300만 명의 외국인이 거주하고 있으며(총인구의 약 2.3%), 그 수는 10년 사이에 84만 명 남짓 증가했다.[01] 최근 들어 외국인의 모습을 마주할 기회가 부쩍 늘고 있는 까닭에, 편의점 같은 곳에서 외국인 점원을 마주치지 않는 날이 없을 정도이다.

이처럼 현재 일본에는 이미 많은 외국인이 살고 있다. 도시 지역뿐만 아니라 지방에서도 외국인 없이는 경제활동을 해나가기 어려운 것이 현재의 실상이다.

이 글에서는 이러한 현재의 상황을 배경으로 앞으로 어떻게

---

01. https://www.nisshinkyo.org/news/pdf/L-2020-2.pdf; https://www.stat.go.jp/data/jinsui/pdf/202101.pdf.

하는 것이 바람직한 외국인 수용 자세인지를 제시하고 이를 실현하기 위해 필요한 언어정책에 대해 고찰하려고 한다. 특히 외국에 뿌리를 둔 아이들을 중심으로 살펴볼 것이다. 이와 관련해 우리 연구 그룹이 고안한 '쉬운 일본어'라는 개념을 제안하려고 한다.

2. 외국인을 받아들인다는 것: 30년 후의 일본을 어떻게 생각해야 할까

이처럼 이미 일본 사회는 외국인을 빼놓고는 성립할 수 없다. 2019년 4월에 출입국관리 및 난민인정법이 개정되어, '특정 기능(特定技能)'이라는 비자가 신설되었다. 이는 지금까지 일본이 공식적으로 인정하지 않았던 '단순노동'의 틀 안에서 외국인을 받아들일 것을 인정한 것으로, 외국인 수용 정책의 큰 전환점이 될 것이라고 생각한다.

이러한 정책 전환에 따라 (일본 정부는 '이민'이라는 단어를 사용하지 않았으나) 일본은 사실상 '이민(移民)'을 수용하는 방향으로 선회했다고 할 수 있다. 이 같은 시점을 맞이하여 외국인을 받아들인다는 것이 어떠한 의미인지를 생각해 보아야 한다. 지금부터는 이러한 점에 대해 고찰해 보고 싶다.

1) 인구 감소와 외국인

외국인을 받아들이는 것이 불가피하다고 여겨지는 가장 큰 이유는 일본의 인구 감소 때문이다.

국립사회보장·인구문제연구소가 2017년에 추정한 바에 따르면, 2050년의 일본 인구는 2020년에 비해 약 2,300만 명이 감소할 것이라고 한다(출생률 및 사망률 각 중간치로 추산).[02] 더욱 심각한 문제는 인구 전체가 같이 감소하는 것이 아니라는 점이다. 고령자 인구는 거의 변하지 않는다. 급속히 감소하는 것은 생산연령 인구(15~64세)와 그보다 나이가 어린 아이들이다.

인구 감소는 특히 지방에 괴멸적인 타격을 입힐 가능성이 높다. '인구가 감소한다→일자리가 없어진다→젊은 세대가 도시로 유출된다→인구가 고령화된다→지방자치단체의 재정이 악화된다→버스 등의 공공 서비스가 폐지된다→고령자의 생활도 어려워진다'와 같은 변동의 악순환에 빠질 위험성이 높기 때문이다.

이런 의미에서 볼 때 특히 지방의 경우 외국인을 받아들이는 것은 불가피하다. 악순환의 고리에서 빠져 나온다는 의미에서도 절대적으로 필요하다고 할 수 있다.

도시에서도 코로나19가 종식된 다음에는 일손 부족이 다시 심각해질 것이 예상된다. 그렇기 때문에 외국인을 받아들이는 것은 불가피한 일이라고 할 수 있다.

---

02. http://www.ipss.go.jp/pp-zenkoku/j/zenkoku2017/pp29_ReportALL.pdf.

2) 납세자로서의 외국인

인구 감소에 따라 외국인을 받아들이는 것이 불가피하다는 주장은 그것만으로는 올바른 일이라고 할 수 없다. 왜냐하면 외국인을 '숫자 늘리기'를 위한 도구로밖에 생각하지 않는 것이기 때문이다.

이민과 관련된 문헌에서 자주 인용되는 것 중에 '우리는 노동력을 불러 들였으나, 온 것은 사람이었다'라는 말이 있다. 스위스 작가 막스 프리쉬(Max Frisch)가 한 말이다. 이는 외국인을 단지 '노동력'으로만 이용하려고 하는 사고방식을 노골적으로 드러내 보여 주는 사례다. 일본의 외국인 수용도 현재 상태에서 보자면 이러한 구미 지역의 40년 전 실패를 답습할 위험성이 높다.

이러한 '실패'는 단순히 인도적인 문제만은 아니다. 더불어 문제가 되는 것은, 그렇게 외국인을 받아들이는 수용 방식으로는 외국인의 수가 늘어난다고 해도, 지방이 안고 있는 악순환의 개선으로 이어지지 않는다는 점이다. 외국인 노동자들이 저임금으로 일하기 때문에 지방에 도움을 주는 실질적인 납세자의 증가로 이어지지 못하는 것이다. 또한 일본 전체의 차원에서 생각해 보아도 납세자의 숫자를 늘리지 않으면, 현재 1,000조 엔 이상이 발생하는 막대한 재정 적자 문제를 개선할 수 없다. 조만간 일본의 재정이 위험에 빠지는 상황을 피할 수 없는 것이다.

이와 같은 상황을 감안하여 생각해 보면, 외국인 수용은 30년 후의 일본을 생각하며 이루어져야 한다. '일본인'뿐만 아니라 '외국인'도 일본 사회를 함께 만들어가는 사람이라는 이념 아래 진행되지 않으면 안된다는 점을 강조하고 싶다. 결국 '일본인'인지 '외국인'인지와 같은 국적의 문제가 아니라 일본에 거주하는 사람이라면 대등하게 활약할 수 있도록 기회가 보장되어야 한다. 그리고 그 결과로서 세금이나 사회보장의 문제점이 개선되는 사회를 지향해야 한다.

3. '쉬운 일본어'의 개념

이처럼 앞으로의 일본 사회를 생각하면 외국인을 받아들이는 일은 불가피하다. 외국인을 받아들이는 과정에서는 다양한 문제를 고려할 필요가 있다.

우리 연구 그룹은 그 중에서도 '언어(일본어)'의 관점에서 이 문제를 생각하고 있다. 이때 중심적인 역할을 하는 것이 '쉬운 일본어'라는 개념이다.[03]

---

03. '쉬운 일본어'의 경우, 영어로는 Easy Japanese, Plain Japanese로 나눠서 번역한
두 종류가 있다.

4. '쉬운 일본어'의 범위

우리 연구 그룹에서는 외국인에 대한 정보 제공이라는 관점에서 '쉬운 일본어' 연구를 시작했다. 그 범위가 서서히 확대되어 지금은 다음과 같은 내용을 고찰 대상으로 삼고 있다.

(1) 〈마이너리티(소수자)를 위한 '쉬운 일본어'〉

　a. 거주장소 만들기를 위한 '쉬운 일본어'

　　1. 초기 일본어 교육의 공적인 보장 대상으로서의 '쉬운 일본어'

　　2. 지역사회 공통언어로서의 '쉬운 일본어'

　　3. 지역형 초급으로서의 '쉬운 일본어'

　b. 우회로로서의 '쉬운 일본어'

　　1. 외국에 뿌리를 둔 아이들을 대상으로 한 일본어 교육

　　2. 농아(聾兒)를 위한 일본어 교육

　〈다수자를 위한 '쉬운 일본어'〉

　c. 일본어 표현의 거울로서 '쉬운 일본어'

　d. 일본어 표현으로서의 '쉬운 일본어'

우선 '쉬운 일본어'의 대상자가 어떤 사람들인가라는 관점에서, 소수자(외국인, 장애인, 고령자 등)를 위한 '쉬운 일본어'와 다수자

(일본어를 모국어로 하는 화자)를 위한 '쉬운 일본어'로 크게 나뉜다. 그 다음에는 소수자와 다수자를 위한 '쉬운 일본어'가 위의 (1)에서 분류한 것처럼 세분화된다. 이번에는 그 가운데서 주로 b-1 '외국에 뿌리를 둔 아이들을 대상으로 한 일본어 교육'에 대해 다루려고 한다. a~c에 대해서는 이오리 이사오(庵功雄 2016, 2020)와 이오리 이사오(Iori Isao 2016)를, d에 대해서는 이오리 이사오(庵功雄 2021)를 참조하기 바란다.

5. 일본에서의 언어문제와 언어정책

이 글에서 외국에 뿌리를 둔 아이들(foreign-rooted children. FRC)[04]의 언어문제와 언어정책을 '쉬운 일본어'의 관점에서 고찰하고 있지만, 여기서는 이들 아이들과 관련된 언어정책 현상을 간단하게 살펴보고자 한다.

1) 외국에 뿌리를 둔 아이들과 학교교육

학교교육과 관련해서는 교육을 받을 기회에 관한 문제가 중요하다. 일본이 비준한 〈아동의 권리에 관한 협약(아동권리협약)〉에서

---

04.   이 글의 대상이 되는 아이들에 대한 호칭으로 '외국인 아동학생' JSL(Japanese as a Second Language) 아동학생' 등도 있다. 하지만 그 어느 호칭도 모든 대상자를 빠짐없이 포함할 수는 없기 때문에, 여기서는 '외국에 뿌리를 둔 아이들(外国にルーツを持つ子ども)'이라는 용어를 채택했다.

는 체결국에 '초등교육을 의무적으로 실시하고, 모든 사람에게 무상으로 제공'(제28조 1a항)하며, 중등교육과 고등교육의 기회가 모두에게 개방될 수 있도록 적절한 조치를 취해야 한다는 점을 규정하고 있다.[05]

그러나 일본에서 초등교육은 시혜적(施惠的)으로 주어진 것에 지나지 않다. 그래서 현재 외국 국적을 가진 아동 학생 약 7만 7,500명 중에서 20%에 달하는 약 1만 6,000명의 취학 여부 상황을 파악할 수 없다고 한다.[06]

2) '외국인 아동 특별 교육'에 대해

이러한 상황에 대처하기 위해 2014년 학교교육법 시행규칙이 개정되었다. 그리하여 일본어 능력이 불충분한 외국인 아동에 대해 '특별 교육과정'으로 일본어 교육을 실시하기로 결정하였다.[07] 이 같은 결정은 교육의 기회를 갖지 못한 아이들에게 언어교육의 기회를 보장한다는 점에서 획기적인 것이다. 규정에 따라 그런 아이들을 대상으로 주로 일본어를 가르치는 '대상자 선정 특별 수업'이 이루어지게 되었다.

다만 대상자 선정 특별 수업에서는 교직 면허를 가진 사람들

05.　〈子どもの権利条約〉 전문(일본 정부 번역).
　　　https://www.unicef.or.jp/about_unicef/about_rig_all.html.

06.　https://mainichi.jp/articles/20190304/k00/00m/010/156000c.

07.　https://www.mext.go.jp/a_menu/shotou/clarinet/003/1341903.html.

이 일본어 지도를 맡고 있다. 그렇기 때문에 일본어 교육에 대한 식견이 깊은 교사가 일본어 교육을 실시하고 있는 것은 아니다.

6. 우회로로서의 '쉬운 일본어'[08]

다음으로 외국에 뿌리를 둔 아이들의 언어문제, 특히 일본어에 관한 문제를 고찰한다.

위에서 살펴본 것처럼 '쉬운 일본어' 개념은 30년 후 일본 사회의 모습을 바라보는 인식과 깊이 결부되어 있다. 이러한 점에서 가장 중시해야 하는 과제는 외국에 뿌리를 둔 아이들이다. 우리 연구 그룹에서는 이를 지원하기 위해 '우회로로서의 '쉬운 일본어'라는 개념을 실천하고 있다. 여기서는 이 점에 대해 소개하려고 한다.

1) '아이들'을 중시해야 하는 이유

지금부터 외국에 뿌리를 둔 아이들과 언어 문제에 대해서 생각해 보겠다. 아이들의 문제를 중시해야 하는 이유는 크게 다음과 같은 두 가지가 있다.

첫 번째는 일본에 온 이유이다.

---

08. 외국에 뿌리를 둔 아이들과 '쉬운 일본어'의 관계는 IBS(2021a, b)도 참조할 수 있다.

아이들의 부모는 자신의 의지로 일본에 왔겠으나, 아이들은 대부분 자신의 의지로 일본에 온 게 아니다. 그런데도 불구하고 그들은 일본에서 살아야 한다. 그렇다면 그러한 아이들이 일본 사회 속에서 자기실현이 가능한 기회를 보장 받을 수 있도록 사회가 노력을 기울여야 한다. 일본어 교육이라는 관점에서도 이 점이 중요하다고 할 수 있다.

두 번째는 앞으로의 일본을 만들어 나가는 인재로서 아이들을 인식해야 할 필요성이다.

앞에서 자세히 서술한 바와 같이 30년 후 일본 사회의 향방을 생각하면, 일본이라는 나라를 '일본인'끼리만 만들어가는 것은 곤란하다. '일본인'과 '외국인'이 공동으로 일본을 지지해 간다는 사고방식을 갖는 것이 '인도적(humanistic)'으로도, '경제적(내지는 공리주의적(pragmatic))'으로도 중요하다고 생각한다.

이러한 입장에서 중요한 것은 아이들이다. 결국 외국에 뿌리를 둔 아이들이 일본 사회 속에서 일본어를 모국어로 하는 화자(話者)의 아이들과 대등하게 경쟁하고 자기실현을 할 수 있어야 한다. 그러한 환경을 실현할 수 있느냐, 아니면 그 아이들이 직업 선택 등에서 항상 낮은 위치에 놓이게 되느냐 하는 것이, 앞으로 일본 사회가 어떻게 발전해 갈지에 대한 큰 열쇠라고 생각한다.

만일 외국에 뿌리를 둔 아이들이 '(일본인과) 똑같이 노력하면' 일본어 모국어 화자 아이들과 같은 성공 가능성을 가질 수 있고 외국계 뿌리라는 것이 일본 사회 속에서 긍정적인 평가를 받을 수 있다면, 다음과 같은 효과가 생겨날 것이라고 예상된다.

그 중의 하나는 일본에 다양한 문화가 형성되는 것이다. 그러한 아이들은 적어도 2개의 문화를 겪었다. 그렇기 때문에 그들의 문화적 배경과 언어적 능력을 활용하면 한 걸음 나아가 기업에게는 지금까지 관계를 가지지 못했던 국가 및 지역과의 새로운 비즈니스 기회가 생겨날 가능성이 있다. 또한 인구 감소로 인해 위기에 처한 지역경제에는 활성화의 기폭제가 될 가능성이 크다.

이러한 점에서 그들이 일본어 모국어 화자 아이들과 대등하게 경쟁할 수 있는 조건을 언어적으로 보장하는 것은 중요한 의미가 있다.

2) 한자의 문제

위와 같은 점을 전제로 하여 외국에 뿌리를 둔 아이들에 대한 일본어 교육의 문제점을 생각하자면, 가장 큰 난관은 한자(漢字)이다(庵功雄 2016, 2018).

* 지칭하는 것과 지칭 대상

소쉬르(F. Saussure)는 현대언어학에 큰 영향을 미친 학자인데, 소쉬르가 지적한 언어의 중요한 성질에 '언어(기호)의 자의성(恣意性)'

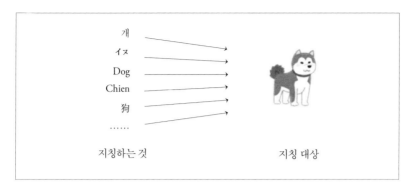

지칭하는 것　　　　　　　지칭 대상

그림 1 언어(기호)의 자의성

이 있다.[09]

　예를 들면, 그림 1에서 소리(말)(지칭하는 것. 시니피앙〔significant〕)와 지칭 대상(지칭되는 것. 시니피에〔signifié〕) 사이에는 인과관계가 존재하지 않는다. 이것이 소쉬르가 말하는 '언어(기호)의 자의성'이다.

　* 일본어 모국어 화자와의 차이

　모국어인 제1언어(first language. L1)에서도 제2언어(second language. L2)에서도 언어를 습득하기 위해서는 최소한 다음과 같은 내용을 습득할 필요가 있다.

　(2) a. 음형(音形, 지칭하는 것)
　　　 b. 지칭 대상

09.　'언어(기호)의 자의성'에 대한 상세한 내용은 庵功雄(2012) 참조.

c. 글자의 자형(字形, 문자)

일본어의 경우 히라가나 쓰기를 상정하는 한, 글자의 자형(字形)은 거의 문제가 되지 않는다(영어는 그렇지 않다). 그러한 의미에서 일본어는 한자를 고려하지 않는다면 습득하기 쉬운 언어라고 할 수 있다. 그러나 현실적으로, 비한자권 학습자에게는 한자가 큰 장벽이다.

일본어를 모국어로 하는 화자의 아이들은 주변 어른들과의 많은 상호작용을 통해서 지칭하는 것과 지칭 대상의 관계를 습득하며, 히라가나라면 모두 능숙하게 쓸 수 있는 상태로 초등학교에 입학한다. 따라서 한자에 관해서 이들이 습득해야 하는 것은 '히라가나로 쓸 수 있는 것을 한자로 읽고 쓰는 일'뿐이다. 이러한 조건 하에서도 초등학교 6년 간 학습해야 하는 한자 수는 약 1,000자(1,026자)이다.

외국에 뿌리를 둔 아이들의 경우 지칭하는 것과 지칭 대상, 글자의 자형을 모두 처음부터 학습한 후에 일본어 모국어 화자와 같은 양의 한자를 습득해야 한다. 그러나 대개의 경우 시간이 (매우) 한정되어 있다. 이와 같은 점을 미루어 볼 때 한자에 관해서도 '우회로'가 필요하다고 생각된다(하나의 사례로서 한자 쓰기를 평가 기준에서 제외할 수 있다. 예: カイザー・シュテファン 2018).

3) BICS와 CALP

나아가 아이들의 언어 습득에서 큰 문제가 되는 것은 심리학자 커민스가 지적한 일상언어(BICS. Basic Interpersonal Communication Skills)와 학습언어(CALP. Cognitive Academic Language Proficiency)의 차이이다. 두 언어의 차이를 지시대명사를 예로 들어 설명해 보자.

(3) <u>그</u> 책 좀 줘. (현장 지시)

(4) 며칠 전에 친구가 책을 건네주었다. <u>그</u> 책은 철학서이다.

　　(문맥 지시)

지시대명사는 무엇인가를 '지칭'하는 것이다. 지칭하는 것(지시 대상)이 정해지면 비로소 그 내용을 이해할 수 있다. 지시 대상이 정해지는 방법에는 크게 나누어 두 가지가 있다. 위의 (3)과 같이 화자가 말하는 현장에 있는 것을 지칭하는 용법(현장 지시, deixis)과 (4)처럼 말(구어와 문어를 불문하고) 속에 나오는 것을 지칭하는 용법(문맥 지시, anaphora)이 있다.[10]

이 가운데서 현장 지시는 말하는 현장에 있다면 무엇을 지칭하는 것인지 쉽게 알 수 있다. 실제로 (3)의 '그 책'이 무엇을 지칭하는지 이해하는 데 필요한 것은 '그'라는 기호보다도 손가락질이다. 이처럼 현장 지시는 말하는 상황에 대한 의존도가 높다. BICS

10.　지시대명사(지시사) 기능에 대한 상세한 내용은 庵功雄(2019) 참조.

도 이와 마찬가지로 실제 언어를 말로 표현하는 형식보다도 말하는 상황에서 내용이 이해되는 부분이 크다.

반면에 문맥 지시는 그러한 의존성이 없기 때문에, '말' 속에서 지시대명사가 지칭하는 내용을 추출할 필요가 있다. CALP도 이와 같아서, 학교에서의 학습(교과학습)은 언어를 어떻게 조작할 수 있는지 같은 능력에 크게 관련되어 있다. 외국에 뿌리를 둔 아이들이 모국어로 CALP와 관련된 능력을 습득하였다면, 외국어로서의 일본어에서도 그 인지 능력을 활용할 수 있다. 하지만 모국어 영역에서도 CALP가 아직 미발달된 단계에서 일본어를 습득해야 하는 경우도 많아서 문제는 복잡하다.[11]

4) '우회로'의 필요성

분명한 사실은 외국에 뿌리를 둔 아이들이 일본어를 모국어로 하는 아이들에 비해 일본어 능력이라는 점에서 큰 약점을 안고 있다는 것이다. 그렇다고 한다면 외국에 뿌리를 둔 아이들이 일본어를 습득하기 위해서는 '우회로'가 필요할 것이다. 이러한 점은 아주 명백한 사실이다.

그렇다면 '우회로'를 어떻게 만들면 될까? 성인 정주(定住) 외국인에 대한 일본어 교육의 목표는 '모국어로 말할 수 있는 것을 일본어로도 말할 수 있게 한다'이다. 성인들이 그렇게 할 수 있도록

---

11. BICS와 CALP 문제에 관한 상세한 내용은 バトラー-後藤裕子2011) 참조.

마련한 문법 실러버스(문법항목 선정 및 배열)를 토대로 그 내용을 확장해 나가는 방법을 채택하는 것이 바람직하다(庵功雄 2015a, b 참조). 한자에 관해서도 새로운 한자 실러버스 책정과 이에 기반한 새로운 한자 교재 개발이 필요하다(庵功雄·早川杏子 2017; カイザー·シュテファン 2018; 早川杏子·本多由美子·庵功雄 2019 등 참조).[12] 그런 아이들을 위한 일본어 교재 총 3권을 만들고 있는 중이며, 현재 2권이 발간되었다(志村ゆかり編 2019a, b).

7. 요구되는 언어정책

이와 같은 고찰을 통해 요구되는 언어정책에 대해 생각해 본다. 우선 교육의 기회를 보장하는 것이다. 구체적으로는 초등교육을 의무교육으로 하고, 외국에 뿌리를 둔 아이들에게 일본인 아동 학생들과 동등한 교육의 기회를 보장하는 일이 필요하다.

다음으로는 초·중등 교사 양성 과정(교직 과정)에 외국에 뿌리를 둔 아이들에 대한 문제를 배울 기회를 필수과목으로 설치하지 않으면 안된다. 이에 대해 구체적 사례를 들어서 설명해 보겠다. (5)의 문장을 생각해 보자.

(5) 어제 식구들과 함께 세키항(赤飯)을 먹었습니다.

12.　외국에 뿌리를 둔 아이들과 한자의 문제에 대해서는 リベラルアーツ検定クイズ (2021) 연재도 참조 바람.

세키항(赤飯)이라는 말에는 '멥쌀에 찹쌀과 팥을 넣어서 익힌 것'
이라는 지시 대상을 특정하는 의미(외연적 의미, denotation)와 함께 '잔
칫날에 먹는다'고 하는 함축적 의미(내포적 의미, connotation)가 들어 있
다. 하지만 외국에 뿌리를 둔 아이들은 후자의 의미를 잘 모른다.

그럼에도 불구하고 현행 '국어'[13] 수업에서는 참가자가 일본인
아동임을 전제로 하는 것이 보통이기 때문에, 그러한 배경지식을
설명(공유)하는 일은 아주 드물다.(유학생에 대한 '일본어' 교육에서는 그
러한 배경지식의 차이가 처음부터 예상된 것이기 때문에, 어떤 형태로든 배경지식
에 관한 설명이 이루어진다). 이러한 일로 인해 국어 텍스트의 이해를
어렵게 하는 경우가 많다.

마지막으로 초·중·고에서 외국에 뿌리를 둔 아이들의 모국어
문화를 적극적으로 다룸으로써, 일본어라는 언어의 문제에만 특화
되지 않은 그들의 모국어나 모국어 문화, 일본과 그들 해당 국가
또는 지역의 지리적, 역사적 관계를 배우는 기회를 늘려 나가는
것이 중요하다.[14]

---

13. '국어(國語)'는 '○○의'라는 요소를 필수로 하는 일종의 함수적 명사(庵功雄 2019
의 '1항 명사')이다. 예컨대 일본의 '국어'는 '일본어'인데, 한국의 '국어'는 '한국어'이
다. 한편 '일본어'는 ('한국어', '영어' 등과 같이) 누가 어디에서 사용해도 같은 Japanese
language를 지칭하는 고유명사이다.

14. 이런 점에서 귀중한 관점을 제공하는 서적으로는 黑川裕子(2019)가 있다.

8. 맺음말

이 글에서는 일본의 외국인(이민) 수용의 현황과 바람직한 외국인(이민) 수용의 모습에 대해 고찰하고, 이와 관련하여 필자의 연구 그룹이 실시하고 있는 '쉬운 일본어' 연구의 일부를 소개했다. 나아가 외국에 뿌리를 둔 아이들과 관련된 언어정책과 언어문제를 개관하면서, 요구되는 언어정책에 대한 개인적인 의견을 서술하였다.

이번에 제안한 내용이 실현될 수 있는지의 여부는 일본 사회가 '외국인', '이민'에 대해 어떤 사고방식을 갖느냐 하는 태도에 따라 아주 크게 달라질 것이다.

이를 실현하기 위해서는 무엇보다도 먼저 일본 정부가 '이민'의 존재를 인정하고, 적절한 형태로 '이민'을 받아들이겠다는 방침을 수립하지 않으면 안된다. 또한 이와 관련한(언어를 포함하는) 여러 문제를 해결하기 위해 나서겠다는 의지를 천명해야 한다. 그런 바탕 위에서 '이민자'에게 호스트 위치에 있는 일본 사회가 '이민자'와 공생하는 방향으로 나아가야 한다는 인식의 전환을 불러 일으킬 필요가 있다.

구미 지역에서 이민 정책이 답보 상태인 점을 보아도 이러한 정책이나 인식의 전환이 쉽지 않다는 사실은 분명하다. 이를 위해서는 모종의 인센티브가 필요하다고 생각한다. 이러한 점을 포함해 앞으로 깊이 고찰해 가며 사회를 향해 지속적으로 호소해 나갈 필요가 있다.

참고문헌

庵功雄(2012), 《新しい日本語学入門(第2版)》, スリーエーネットワーク.

庵功雄(2015a), 〈日本語学的知見から見た初級シラバス〉, 庵功雄・山内博之編, 《現場に役立つ日本語教育研究1　データに基づく文法シラバス》, くろしお出版, 2015.

庵功雄(2015b), 〈日本語学的知見から見た中上級シラバス〉, 庵功雄・山内博之編, 《現場に役立つ日本語教育研究1　データに基づく文法シラバス》, くろしお出版, 2015.

庵功雄(2016), 《やさしい日本語: 多文化共生社会へ》, 岩波新書.

庵功雄(2019), 《日本語指示表現の文脈指示用法の研究》, ひつじ書房.

庵功雄(2020), 〈I部 'やさしい日本語'の基礎〉〈III部 文化の差異〉, 庵功雄編, 《'やさしい日本語'表現事典》, 丸善出版, 2020.

庵功雄(2021), 〈日本語表現にとって'やさしい日本語'が持つ意味〉, 《一橋日本語教育研究》 9, 一橋大学.

庵功雄・早川杏子(2017), 〈JSL生徒対象の漢字教育見直しに関する基礎的研究〉, 《人文・自然研究》11, 一橋大学.

庵功雄編(2020), 《'やさしい日本語'表現事典》, 丸善出版.

庵功雄・山内博之編(2015), 《現場に役立つ日本語教育研究1　データに基づく文法シラバス》, くろしお出版.

庵功雄・岩田一成・佐藤琢三・栁田直美編(2019), 《'やさしい日本語'と多文化共生》, ココ出版.

カイザー・シュテファン(2018), 〈漢字と日本語教育: 非漢字系からの(非)観点〉, 《ことばと文字》10, 日本語のローマ字社.

黒川裕子(2019), 《となりのアブダラくん》, 講談社.

志村ゆかり編(2019a, b), 《中学生のにほんご: 学校生活編》, 《中学生のにほんご:　社会生活編》, スリーエーネットワーク.

バトラー後藤裕子(2011), 《学習言語とは何か》, 三省堂.

早川杏子・本多由美子・庵功雄(2019),〈漢字教育改革のための基礎的研究〉,《人文・自然研究》13, 一橋大学.

栁田直美(2015),《接触場面における母語話者のコミュニケーション方略》, ココ出版.

リベラルアーツ検定クイズ(2021),〈あたらしい漢字指導のカタチ: 外国にルーツを持つ児童生徒が学ぶために〉. https://la-kentei.com/kotoba_news/

IBS(2021a, b),〈多文化共生社会に必要な学校教育における'やさしい日本語': 一橋大学庵教授インタビュー(前編,後編)〉, バイリンガルサイエンス研究所.

Iori Isao(2016), "The Enterprise of Yasashii Nihongo: For a Sustainable Multicultural Society in Japan,"《人文・自然研究》10, 一橋大学.

초국가적 한인 가족의 언어 정책과 실천

이학윤(조지아 주립대학교 교수)

1. 머리말

세계화로 인해 점점 더 상호 연결된 세상이 되면서, 이러한 새로운 이동성과 유연성의 영향으로 아주 다양한 이주 관행이 생겨났다. 이주 목적, 체류 기간, 가족 유형 및 국적은 매우 다양하다. 그런 반면에 이 분야의 대부분의 연구는 한 국가에서 다른 국가로 영구적으로 이주하는 비교적 전형적인 유형의 이주자를 대상으로 하고 있다. 그런 까닭에 이민자 가족에 대한 광범위한 논의에 다양성과 언어 사용 정책을 접목하기 위해서는 특정 유형의 이민자 집단을 이해할 필요가 있다.

---

* 이 글은 최근에 발표된 본 연구자의 다음 논문을 근거로 작성하였다. Lee Hakyoon, "'No more Korean at Home.' Family language policies, language practices, and challenges in Korean immigrant families: Intragroup diversities and intergenerational impacts," *Linguistics and Education*, 63(3), 2021.

세계화는 또한 이민자 가족들 사이에서 언어 사용과 언어 이데올로기의 다양화에 기여했다. 이러한 맥락에서 가족 언어 정책(FLP)에 대한 연구는 주류사회에서의 언어 학습과 계승어(heritage language) 유지를 포함한 가족의 언어 이념과 관리(Curdt-Christiansen 2009; Lanza & Li Wei 2016; Schwartz 2010; Spolsky 2012), 초국가적 가족 간의 언어 사용 및 관행에서 자녀 언어 학습의 태도와 전략(Song 2010), 이중언어를 사용하는 부모의 역할(Curdt-Christiansen 2013; King & Fogle 2013) 및 자녀의 중개 역할(Fogle & King 2013; 2010) 등을 포괄하는 다양한 초점을 가지고 있다.

허쉬(Hirsch)와 이(Lee)(Hirsch and Lee 2018)에 이어 본 연구자는 '초국가적(transnational)'이라는 개념을 처음부터 영주(永住) 의도를 가진 사람들, 이민자들, 영주 의도가 덜한 사람들, 정착민 모두를 포함하는 '포괄적 용어(umbrella term)'라고 주장한다. 이러한 초국가적인들(transnationals)은 주어진 시간과 맥락에서 언어적, 교육적 발전에 의해 동기를 부여 받는 경우가 많다. 그런 의미에서 본 연구자는 본 연구에서 한인 가족을 초국가적 가족이라고 부른다.

초국가적 이주가 반드시 한 방향으로 사람들의 흐름을 나타내는 것은 아니며, 단일 목적지를 포함하는 것은 아니다. 세계화와 이주에 대한 관점이 진화함에 따라 다양한 유형의 이주자들은 초국가적 유대의 정도가 다르며, 이들을 한 국가에서 다른 국가로의 이주라는 전통적인 의미로 이해하는 것은 분명히 어렵다. 이 연구에 참가한 사람들은 한국의 다른 가족 구성원과의 연결 정도가 다르며, 다양한 방식으로 한국에 자신의 방향성을 설정하는 경우가 많다. 어떤 가족은 다른 가족보다 모국(母國)과 더 긴밀한 관계를 가질 수 있다. 또한 일부는 향후 한국으로 돌아갈 가능성이 더 높다.

한국계 미국인 이민자들에 대한 이전의 연구는 주로 언어 사회화, 모국어 상실(Ventureyra, Pallier & Yoo 2004) 또는 계승어 유지에 중점을 두었다. 특히 한인 이민자의 계승어 유지라는 주제는 커뮤니티 스쿨(You 2005), 소수민족 교회(Park 2013), 가정(Brown 2011; Chung 2019)을 포함한 다양한 사회적 맥락에서 연구되었다. 이 연구의 대부분은 계승어 유지에 대한 부모의 신념, 인식 및 태도를 강조한다. 기존의 연구 외에도 한인 가족의 상호작용과 그룹 내 다양성에서 발견되는 복잡성을 분석하는 더 많은 연구가 필요하다. 본 연구는 초국가적 경험, 언어 사용 및 FLP 실행의 어려움 등 복합적인 연관성 측면에서 그룹 내의 다양성을 살펴볼 것이다.

2. 문헌 검토

1) 한인 초국가적 가족

오늘날 다국어 세계에서 한인 초국가적 가족이 직면한 문제를 탐구하는 연구가 많이 있다. 다양한 문제 중에서 언어는 한인 초국가적 가족의 주요 관심사 중 하나이다. 가정에서 사용하는 언어의 선택, 부모의 언어 교육 참여, 계승어 유지에 대한 투자는 한인 초국가적 가족 연구의 주요 주제이다(Kang 2013, 2015; Song 2016a; Song 2016b; Suh 2020).

한국계 미국인 가족은 이중언어 사용에 대한 명확한 생각을 가지고 있다. 영어 학습을 경제적 안정을 달성하는 수단으로 보는 한편, 가족 관계(Jang 2020; Shin 2005) 및 민족적 정체성(Kang 2013; Park & Sarker 2007))을 위해 한국어를 유지한다. 일부 연구에서는 이민자 사회에서 또는 한국으로 귀국시 사회경제적 자본을 담보하기 때문에 계승어 유지의 중요성을 지지한다(Kang 2013).

많은 연구들은 한인 이민자 가족이 어떻게 FLP를 계획, 관리, 시행하는지, 그리고 계승어 유지와 관련하여 자녀의 이중언어 발달을 위해 부모의 지원이 얼마나 중요한지를 포함한 가정에서의 다양한 문해력 활동을 연구했다(Kim 2002; Song 2016a; Suh 2020). 장(Jang 2020)은 최근에 영유아 교육에서 한인 어머니의 언어 이데올로기와 이중언어 사용에 대한 태도를 살펴보았다.

일부 연구는 가족 간의 상호작용에서 발견되는 특정한 언어적 특징을 분석함으로써 가정에서의 언어 사용 및 상호작용에 중점을 둔다. 예를 들어, 서(Suh 2020)는 한인 이중언어 사용 가족이 지시와 복종이라는 상호작용 속에서 자녀의 복종을 이끌어내고 적절한 문화적 방식을 모델링하고, 자녀의 중개 역할(agency)을 수행하기 위해 한국어 존댓말을 사용한 실례를 보여주면서 지시어와 존댓말을 살펴본다. 송(Song 2016c)은 언어 교차 사용(translanguaging)이 미묘한 의미를 명확히 하고, 협의하고, 공동 구성하기 위한 자원 역할을 한다고 강조한다. 부모는 종종 의미를 명확하게 전달하기 위해 영어 단어를 한국어 음소(音素)로 발음하거나 교차 발음한다(trans-enunciated). 또한 한인 가족의 상호작용에 대한 실증적 조사를 통해 개입(예: 즉각적인 피드백) 및 언어 사용(예: 한국어의 일관된 사용 및 영어 표현 차용)을 포함한 일부 전략을 제시한다(Kang 2013, p.436).

본 연구에서는 다양한 한인 가정에서 주로 볼 수 있는 언어 중개(language brokering)에 대해 살펴본다. 언어 중개는 이민자 가족의 상호작용에서 발견되는 고유한 특성 중 하나로 간주되며 (Orellana 2009), 이중언어 사용자가 언어 및 문화적으로 다른 두 당사자 간의 의사소통을 용이하게 하는 통역과 번역을 담당하는 언어적 행위로 정의된다(Tse 1996).

언어 중개는 종종 이민자 가정의 젊은 세대에 의해 수행된다. 예를 들어, 부모의 언어 (숙달) 능력이 자녀보다 다소 낮으면 자녀는 어휘 지원을 제공하고, 부모를 지도하고, 다른 언어로 표현을 번역하거나 전략적으로 의역한다(Bloomeart 2013; Johnson 2013; Shohamy 2006). 본 연구자는 아직 많은 관심을 받지 못했던 언어 중개 행위가 한인 이민자 가정에서 어떻게 섬세하게 설계된 방식으로 발생하는지 면밀히 분석할 것이다.

2) 가족(내) 언어 정책

언어 정책의 개념은 주로 국가적 또는 교육적 맥락에서 이해된다(King 2016). 따라서 가정에서의 언어 정책에 대한 전반적인 이해는 상대적으로 잘 갖추어져 있지 않은 연구 영역이다. 킹, 포글 및 로건테리(King, Fogle & Logan-Terry 2008)는 FLP를 "가족 구성원 간의 가정내 언어 사용과 관련한 명시적(Shohamy 2006) 및 명백한(Schiffman 1996) 계획"으로 정의한다(p.907). FLP에 대한 연구는 가족 구성원 사이에서 언어가 어떻게 학습, 사용, 관리 및 협의되는지를 조사하는 연구로 간주된다(King et al. 2008).

초기 FLP 연구에서는 효과적인 유형의 언어 사용을 찾기 위해 노력했지만, 최근 연구에서는 가족 구성원 간의 의미 협의와 그 과정에서 이루어지는 언어 및 문화적 자원 사용을 포함한 가족 언어 정책의 역학적 특성에 초점을 맞추고 있다(Higgins 2019; King 2016). 또한 다양한 언어에 걸친 FLP 분야의 중요한 주제에는 사회적, 경제적, 이념적 힘이 가족 언어 정책에 미치는 영향이 포함된다(Fogle 2012; Lanza & Wei 2016; Macalister & Mirvahedi 2016; Smith-Christmas 2015; Wei 2012).

본 연구는 동일한 이주 상황에 있는 다양한 유형의 가족에 초점을 맞춘 점에서 독창적이다. 가족은 "공간과 시간에 위치한, 사회정치적 과정에 참여하는 역동적인 사회적 단위"로 간주된다"(Canagarajah 2008, p.173).

복잡한 사회 시스템으로 이루어져 있는 이민자 가족은 각 가족 구성원의 문화 적응 지향성이 상호작용하고 가족의 적응에 영향을 줄 수 있는 공간을 제공한다. 이처럼 이민 자녀의 문화 적응과 이중언어 사용에 대한 세대 간의 영향은 가정에서 가장 많이 발생할 가능성이 높다. FLP는 명시적인 정책으로 나타나지 않더라도 가족 구성원의 상호작용에서 나타날 수 있다. 가족 구성원의 상호작용에서 암묵적이고 은밀한 것일 수 있다(Curdt-Christiansen 2013 ; King et al. 2008).

3. 방법

본 연구에는 1세대(장기체류자), 1세대(단기체류자, 최근 이민자), 1.5세대(장기체류자)의 3개 그룹이 참여하였다. 1.5세대는 유년기 중기에 도착하여 모국어 문해력의 기본 수준을 지니고 있고, 미국에서 대부분의 교육을 완료하였다(Rumbaut 2004). 여기서 1.5세대는 1세대 이민자 부모와 함께 열여덟 살이 되기 전에 미국에 도착한 이민자 개인을 지칭하는 일반적인 의미로 사용된다(Rumbaut & Ima 1998). 이 범주는 참여하는 부모가 기본 참가자에 속한 그룹이다. 단기체류자는 지정된 기간이 지난 다음에 미국을 떠나야 하는 임시 비이민 거주자로 설명될 수도 있다.

한인 이민자 커뮤니티는 최근 이민자와 장기 정착민으로 구성된다. 학력, 사회경제적 배경, 지위 등 다양한 이주 동기와 경험을 가진 개인들이 모여 이주를 기반으로 한 민족 공동체를 구성한다. 일부 초국가적 가족은 최근에 구성되었으며, 이민이나 초국가적 이주로 인한 것이다. 반면에 다른 가족들은 타문화권과의 결혼으로 왔거나 이전 세대 때 왔다.

참가자들은 눈덩이 샘플링(snowball sampling) 방식으로 모집되었다. FLP 연구 프로젝트는 지역 한인교회, 한인 토요 학교, 학부모회에서 소개되었다. 본 연구를 소개한 다음 본 연구자는 잠재적 참가자들에게 명확한 정보를 제공하기 위해 질문을 받고 답변해 주었다.

부모가 이 연구에 참여하기로 동의하면, 배경 설문지를 작성하고 연구원과의 월간 인터뷰에 참여하고, 가정에서 언어 사용을 기록하도록 요청했다. 참가자들과 그들의 배경에 대한 자세한 내용은 다음과 같다.

표1 　　　　　　　　　　　　　　　**참가자**

참가자	배경 (현재 나이- 도착 나이)	배우자 배경	자녀 수	자녀 나이 (여성F 남성M)	가정내 주사용언어
하나(Hana)	1.5 (41-10)	1.5 (43-14)	3	11(F) 8(M) 8(M)	영어
레나(Rena)	1.5 (41-14)	1-장기 (45-30)	1	6(F)	영어
은(Eun)	1-장기 (45-30)	1.5 (50-10)	1	9(F)	한국어
경(Kyung)	1-장기 (50-32)	1.5 (50-17)	1	9(F)	한국어
옥(Ok)	1-단기 (37-34)	1-단기 (40-37)	1	8(M)	한국어
미(Mi)	1-단기 (37-36)	1-단기 (42-41)	2	7(M) 5(F)	한국어

　이 표에서 볼 수 있듯이, 참여 한인 가족의 하위 그룹은 크게 셋이다. 본 연구의 주요 참여자는 인터뷰에 참여하여 상호작용 데이터를 수집한 어머니들이므로, 참여자의 하위 그룹은 해당 어머니의 이민 신분에 따라 분류하였다.

4. 데이터 분석

인터뷰 데이터는 녹음한 것을 풀어 쓴 다음 주제별로 분석하였다. 이 연구는 결론이 미리 정해진 것이 아니라 데이터에서 범주와 주제가 나오는 귀납적 접근 방식을 사용했다. 본 연구자는 데이터에 익숙해지고 내용을 완전히 이해하기 위해 먼저 인터뷰 녹취록을 여러 번 읽은 다음에 다음과 같은 연구 주제와 관련된 특정 데이터 부문을 식별하여 해당 데이터를 한 줄씩 코딩했다. 연구 주제는 다음과 같이 1) 언어 분리 및 사용에 대한 부모의 신념과 관행, 2) FLP 시행의 도전과제들이다.

가족 상호작용 데이터도 분석을 위해 유사한 방식으로 수집하고 기록한 다음에 주제별로 그룹을 분류했다. 본 연구자는 부모와 자녀의 상호작용에 초점을 맞췄다. 데이터가 수집되고 기록되면, 가족 구성원의 1) 언어 선택, 2) 이중언어 사용, 3) 언어 중개를 포함하는 예를 표시했다.

분석의 목적은 각 한인 이민자 집단의 특성과 그들의 언어 사용, 정체성, 이데올로기를 기술하기 위한 것이다. 연구 결과에서 세 가지 최종 주제가 도출되었다. 가족의 초국가적 경험과 FLP의 영향, 다양한 유형의 언어 중개, FLP 시행의 몇 가지 도전과제이다. 이제부터는 해당 분석의 세 가지 초점에 대해 설명할 것이다.

5. 결과

1) 가족의 초국가적 경험과 FLP

가정에서의 언어 사용은 부모의 언어 학습 경험 및 삶의 반경을 포함한 다양한 세대 간의 요인으로부터 영향을 받는다. 첫 번째 섹션은 가정에서의 언어 사용에 세대 간 요인이 어떻게 영향을 미치는지에 초점을 맞출 것이다. 가족은 세대 간 언어 전달의 핵심 영역이며(Fishman 1991), 가정에서 발생하는 언어 학습 및 관행은 종종 가족 구성원의 언어 학습 및 유지 개념과 관련이 깊다. 이러한 세대 간 영향은 다양한 이민자 그룹에 걸쳐 독특한 방식으로 나타난다.

본 연구에 참여한 한인 이민자 1.5세대는 3세대가 함께 살고 있다. 1.5세대는 다른 집단에 비해 조부모와의 직접적인 접촉이 많고, 가정에서의 언어 사용 측면에서 서로 영향을 주고받는다. 하나(Hana)는 처음 미국에 왔을 때 자신의 이민 경험을 종종 회상하고는 한다. 그러면서 자연스레 당시의 계승어(heritage language) 유지에 대한 아버지의 생각과 언어 정책을 오늘날 그녀의 자녀들과 비교하게 된다.

우리 아버지가 손자들에게 한국어를 배우라고 강조하는 것은 흥미로운 일이에요. 우리가 1988년에 미국으로 이주했을 때 아버지는 우리에게 그런 말을 한 적이 없어요. 그분은 항상 '미국 사회에 맞게 영어를 완벽하게, 완전하게 구사하라'거나 '더 이상 집에서는 한국어 사용은 안된다'고 말했어요. 아버지는 우리가 한국어를 잊는 것을 전혀 신경 쓰지 않았어요. 저와 동생은 영어로만 대화하기 시작했고, 부모님에게도 영어를 사용하기 시작했어요. 하지만 아버지는 개의치 않았어요. 이제 그는 가족의 유대를 강조하고, 아이들과 의사소통을 더 잘하고 있고, 내가 한 번도 다니지 않은 한국 학교에 아이들을 보내라고 했어요.

－하나(인터뷰 2018년 9월18일)

이 발췌문에서 볼 수 있듯이 이민자 1세대는 목표 언어와 문화를 학습해 새로운 사회에 완벽하게 적응하는 방법에만 초점을 맞추기 때문에, 자녀의 언어 발달 및 이중언어 사용에 투자하거나 신경쓰기 어려울 수 있다. 하나는 자신이 어렸을 때 이민자 1세대인 부모님이 자신과 동생의 교육을 걱정할 시간과 에너지가 충분하지 않았다고 설명했다. 그녀는 한국어를 계속 사용할 필요를 느끼지 않았다고 말했다.

그러나 흥미롭게도 그녀의 부모는 손자들이 생기자 태도가 변했다. 한국어를 배우고 유지하는 것의 중요성을 강조하고, 아이들을 한국 학교에 보내고, 집에서 더 많은 한국어를 사용하도록 요청하기 시작했다. 하나는 아버지가 손자들과 더 자주 소통하기를 원했기 때문이라고 생각했다. 이제는 집에서 언어 교육과 언어 사용에 신경을 쓸 시간이 많아졌기 때문이기도 하다.

이 사례는 이민자 가정의 FLP가 여러 세대에 걸쳐 어떻게 변화했는지를 보여준다. 하나의 경우에서 볼 수 있는 아버지의 이중언어 가치에 대한 관점의 변화와 계승어 유지는 개인의 관점 변화뿐만 아니라 한인 사회 전반의 이중언어에 대한 태도의 변화를 나타내는 것임이 분명하다. 비슷한 방식으로, 레나(Rena)는 자신과 친구들의 언어 사용 경험을 부모와 공유했다.

> 친구들을 보면 친구들은 한국말을 잘하지 못하고, 그들의 부모님은 영어를 잘하지 못해서 영어와 한국말을 섞어서 깊은 대화를 나누기가 힘듭니다. 저는 아이들을 키우면서 특히 한국 사람이라면 한국어를 배워야 한다고 가르쳤어요. 옛날 사람들은 아이들에게 한국어를 가르치는 데 관심이 없거나 중점을 두지 않았어요. 하지만 오늘에 와서는 사람들이 한국어 수업을 예약하려고 하면 남아 있는 자리가 없어요
>
> ─레나(인터뷰 2019년 3월 17일)

레나의 이야기는 한인 사회의 사람들이 한국어 유지에 대한 관점을 바꾸었음을 강력하게 시사한다. 하나의 예를 통해서 우리는 하나의 아버지가 자신의 자녀들에게는 하지 않았지만, 손자들에게 한국어를 가르치고 계승어 유지를 굉장히 강조하는 것을 볼

수 있다.

이 두 발췌문은 정체성 형성자로서 계승어의 역할에 대한 이데올로기가 부각되고 있음을 나타낸다(Kang 2013). 또한 한인 사회에서 사람들은 이중언어 능력이 삶의 성공을 위해 또는 가족 내의 세대를 이어주는 데 크게 도움이 된다는 사실을 관찰할 수 있었다. 이러한 관찰과 깨달음은 한인 이민자의 교육 결정에 영향을 미친다.

하나는 어린 시절 미국에 처음 온 경험을 털어놓기도 했다. 그녀는 다음과 같이 회상한다.

> 내가 처음 (미국에) 왔을 때 한국 아이들은 영어를 못하는 사람들과 어울려 놀지 않고 따로 떨어져 지냈어요. 한국에서 막 온 사람들과 그리고 여기에서 태어난 사람들이 있는 거죠. 나는 영어를 못해서 같이 어울려 놀지도 못했어요. 그 아이들은 내가 영어를 못하니까 자기 엄마가 나랑 놀지 말라고 했다고 해요. 이제는 웃으면서 이야기하지요. "너희 엄마가 나랑 놀지 말라고 한 지 40년이 넘었는데, 우리는 40년을 함께 놀고 있어."(웃음)
>
> −하나(인터뷰 2018년 3월 20일)

당시 영어 능력은 이민자들 사이에서 사회적 배제를 일으키는 도구로 작용했다. 이민자들이 지역사회의 일원이 되기 위해서는 영어를 잘해야 했다. 하나와 레나의 인터뷰에서 알 수 있듯이, 1.5

세대 부모의 정체성 관련 경험은 부모의 양육 관행을 형성하는 데 중요한 역할을 했다(Kim & Agee 2019). 하나가 농담으로 이 이야기를 들려줬지만, 초기 이민자 사회에서 영어의 위상이 어떠했고 시간이 지남에 따라 그것이 어떻게 바뀔 수 있는지에 대해 시사하는 바가 있다.

그러나 최근 들어 미국 이민자들에게 한국어는 영어 못지않게 중요해지고 있다. 더 나은 학업 성과와 취업 기회를 제공하는 사회적 자본이 되고 있기 때문이다.

그들은 70년대와 80년대에 미국에 온 사람들보다 더 탄탄한 영어 실력을 가지고 있다. 더욱이 그들의 자녀들은 미국에서 태어났기 때문에 영어 능력 발달에 대한 걱정이 덜하다. 한국어와 영어 이중언어 구사자에 대한 경(Kyung)의 인터뷰에서 그녀의 생각을 확인할 수 있다.

이중언어/삼중언어가 더 많은 기회를 열어준다고 생각해요. 여기서 성공한 여러 사람의 의사들과 변호사들을 보면, 한 가지 언어만 사용하는 다른 사람들보다 더 전문적인 것처럼 보입니다. 70~80년대 한인 이민자들은 나의 남편 가족처럼 한국어를 무시하는 경향이 있었는데, 지금은 영어 한 가지만 구사하면 자격미달로 취급할 거예요.

−경(인터뷰 1918년 9월 18일)

이 인터뷰는 이중언어 사용에 대한 부모 세대의 생각뿐 아니라 언어 및 사회적 자본에 대한 그룹 내의 인식이 다양함을 보여준다. 그들의 이민 경험, 언어 능력, 사회적 맥락, 언어의 지위가 이러한 차이를 만들었다. 또한 다양한 그룹의 참가자들은 가정에서 차지하는 언어적 자본의 가치를 인정했다.

요약하자면, 영어를 배우는 것이 인생에서 성공할 기회를 더 쉽게 가져다줄 것이라고 믿는 한인 단기체류 이민자 1세대와 달리, 장기체류자이며 상대적으로 더 단단히 정착된 1세대는 잘 발달된 이중언어 능력이 인생의 성공 가능성은 물론 경제적으로 성공할 수 있는 더 큰 기회를 마련해 준다는 강한 믿음을 가지고 있다. 이 그룹의 관점은 한인 사회의 시각을 통해 공유된다.

마지막으로 한인 1.5세대 가족은 계승어를 유지하는 것이 가족의 유대와 문화적 가치를 강화하고 민족 정체성을 구축하는 데 기여할 수 있다는 생각을 가지고 있다. 1.5세대 엄마들은 가족의 이중언어 구사를 유지하기 위해 열심히 노력한다. 한국어를 희생해서라도 열심히 영어를 강요하는 부모 밑에서 자란 자신의 경험(미국 이민 1세대)과는 대조적으로, 한국어를 긍정하는 가족 언어 정책을 시행한다.

2) 상호작용의 특성: 다양한 유형의 언어 중개

데이터 분석의 두 번째 결과는 가족 구성원 간의 다양한 언어 중개 유형이다. '사회적 영역(social domain)'은 중개 관행을 이해하는 데 중요한 요소이다. 사회적 영역에는 대화 상대, 대화 주제 및 상호작용을 위한 맥락이 포함된다. 이러한 요소들은 가족 구성원이 의미 파악 과정에서 협력하는 방식을 만들어낸다.

이 섹션에서는 세 가족의 경우를 통해 언어 중개의 다른 패턴과 목표를 제시한다. 첫째, 경의 가족 가운데 아홉 살짜리 아이는 경이 낯선 영어 표현을 이해하고 다른 영어 사용자와 의사소통하는 데 종종 도움을 주었다. 다음 발췌문에서 볼 수 있듯이, 본 연구자는 경이 딸아이에게 자주 질문하는 것을 관찰하였다.

> 경(Kyung): 이게 무슨 말이야?
>
> (What does this mean?)
>
> (텍스트를 읽으며) By 6:30, both YeonHee and Jess were passed out on the couch.
>
> Passed out이 뭐야? 지나갔다고?
>
> (What does pass out mean? Passing by?)
>
> 엄마가 그 말의 정확한 뜻을 잘 모르겠구나.
>
> (I don't get the exact meaning.)

딸:	그냥 "What does that mean?" 그렇게 써서 물어봐요.
	(Why don't you just ask, "What does that mean?")
경(Kyung):	그러면 안되지.
	(You shouldn't say that (because it is embarrassing).)

이 발췌문에서 경은 친구에게서 받은 문자를 이해하는 데 어려움을 겪었다. 'passed out(쓰러졌다/기절했다)'이라는 표현은 경에게 생소한 표현이어서 딸에게 질문을 던졌다. 경의 딸은 어머니의 질문에 대답하는 대신, 어머니가 직접 친구에게 같은 질문을 해서 의미를 알아내자고 제안했다. 하지만 친구에게 단어의 의미를 직접 묻는 것은 경에게는 불편한 일이었다. 그래서 경은 자신의 딸에게 다시 같은 질문을 반복하는 것이다. 경의 딸과 이야기할 기회가 생겼을 때 물어 보았더니, 그녀는 어머니가 질문을 너무 많이 한다고 불평했다.

나는 누군가가 말한 것을 엄마에게 말했어요. 그런데 엄마는 나에게 같은 질문을 다시 하며 그 의미를 확인해요. 엄마는 내가 단어를 정확히 알지 못한다고 생각해요. 하지만 나는 알고 있어요. 딱 맞는 단어를 바로 찾지 못해서 한국어로 명확하게 설명을 못할 뿐이에요.

－경의 딸(연구원과의 대화 2018년 5월 12일)

위의 발췌문에서 볼 수 있듯이, 경의 딸도 단어를 설명하고 한국어로 번역하는 데 어려움을 겪었다. 이 사례는 다음과 같은 사실을 보여준다. 경은 딸과의 대화를 영어 학습을 위한 안전한 공간으로 여기지만, 한국어-영어 이중언어 구사자로서 딸의 역할에 대한 딸의 관점은 서로 다르다는 것이다.

또한 다음의 예는 언어 중개가 좀 더 복잡한 방식으로 발생할 수 있음을 보여준다. 이 예는 1.5세 한국인 어머니인 하나의 가족 간 상호작용에서 발생하였다. 저녁 식사를 마친 다음, 하나의 아버지와 그녀의 아이들은 거실에서 함께 TV를 보고 있었다. 할아버지가 TV 채널을 바꾸자고 했을 때, 아이들은 보고 있던 채널의 프로그램이 좋아서 할아버지의 요청을 거절했다. 아이들의 거절은 묵묵히 반응하는 할아버지에게 받아들여지지 않았고, 이는 다음에서 볼 수 있듯이 의견의 불일치를 나타낸다. 그러던 중 한 아이가 부엌에 있는 엄마에게 다가가 'scary(무서워)'를 한국어로 어떻게 말해야 하는지 물었다.

할아버지: 다른 거 보자.

(Let's watch another one(another movie/channel).)

손자:　　No, we'd like to watch this one. That's too scary.

(싫어요. 우린 이거 볼래요. 그건 너무 무서워요.)

할아버지: (반응 없음)

손자:　　Mom, how do you say 'scary' in Korean?

(엄마, 한국말로 'scary'를 뭐라고 해요?)

엄마:　　무서워요.

(That's 'scary'.)

손자/손녀: 할아버지, 무서워요.(할아버지에게)

(Grandpa, that's scary.)

-관찰 2018년 5월 11일

이 소년은 할아버지와 소통하기 위해 엄마를 자원으로 활용했다. 채널을 바꾸지 않겠다는 손자에게 할아버지가 침묵한 것은 반드시 할아버지의 언어 능력이 부족했기 때문은 아니다. 그러나 아이는 할아버지에게 더 잘 설명하기 위해 한국어를 선택했다. 이 예는 조부모와의 의사소통이 계승어를 사용하고 유지하는 원천이 될 수 있음을 보여준다. 흥미롭게도 어머니 하나는 한국어-영어 이중언어 구사자로서 통역가이자 아버지와 자녀 사이의 연결자 역할을 했다. 하나와의 인터뷰에서 그녀는 1980년대에 그녀의 가족이 처음 미국에 왔을 때 언어 중개자로서 자신의 역할을 회상했다.

중·고등학교 때 부모님이 저에게 모든 것을 통역하라고 해서 힘들었어요. 그때 부모님은 무척 답답하셨을 거예요. 특히 아버지의 사업이나 법

률적 용어에 관한 일은 한층 더 어려웠죠. 흥미롭게도 지금 나는 내 아들
과 나의 아버지를 위해 똑같은 일을 하고 있어요.(웃음)

-하나(인터뷰 2018년 9월 16일)

하나는 그녀의 삶의 단계와 궤적을 통해 가족을 위한 언어 중
개자 역할을 해왔다. 미국 이민 초기에는 부모님의 영어를 도왔고,
지금은 아이들이 조부모님과 더 잘 소통할 수 있도록 한국어 사용
을 도와주고 있다. 이 섹션에 소개한 예들은 가정의 이중언어 환
경 속에서 가족 구성원이 서로 사용하는 말의 의미를 파악하고 이
해하는 데 도움을 줄 수 있는 관계라는 사실을 보여준다. 다른 가
족 구성원을 도와 언어 중개자 역할을 담당하는 핵심 구성원이 있
다. 그러나 때로 그러한 기대는 서로를 지원하는 데 필요한 언어
능력에 대한 자신감을 약화시킨다.

언어 중개자의 역할과 가정에서 사용 가능한 언어 자원을 사
용하는 방법은 상호작용의 목표와 목적에 따라 다르다. 다음 섹션
에서는 각 가족의 미래 계획과 방향성이 가정에서의 언어 사용에
어떤 영향을 미치는지에 중점을 둔다.

3) 도전 과제: 가족의 미래 지향성과 이동성

상상된 미래는 언어 학습에 중요한 동기를 부여하는 요인임을

확인했다. '우리가 귀국할 때'라는 담론과 그들의 미래(상상하는) 인생 궤적은 가족의 언어 사용과 밀접하게 연결되어 있다. 본 연구자는 계획된 미국 체류를 마치고 한국으로 돌아가려는 가족들이 한국어를 유지하면서 영어를 배워야 한다는 부담감이 크다는 사실을 목격했다.

참가자 중 한 명인 옥(Ok)은 일곱 살짜리 아들이 있고 2년 동안 미국에서 생활한 다음 한국으로 돌아갈 예정이다. 그래서 언어 사용 및 학습과 관련해서는 집에서 한국어와 영어를 모두 사용하는 것을 강조한다고 나에게 말했다. 옥의 남편이 직장 전출로 인해 한국으로 돌아가야 하는 상황을 고려하면, 집에서 한국어를 가르치고 사용하는 것이 필요하다. 게다가 한국으로의 귀국을 준비하면서 문화적 고려도 마찬가지로 소홀히 할 수 없다. 옥은 일상생활 속의 상호작용에서 아들의 한국어 사용을 강화하고 있다.

문화적인 고려 때문에 그녀는 아들에게 〈아리랑〉이라는 한국 전통 노래를 가르치려고 했지만, 아들은 배우려 하지 않았다. 아들은 나중에 한국에 돌아가면 노래를 배우겠다고 했다. 옥은 "우리가 돌아가면 네가 너무 커버려서 다시는 이 노래를 배울 기회가 없을 수도 있어. 그러니까 내가 가르칠 때, 지금 배워야 해"라며 아들을 설득했다. 옥은 언어적, 문화적 능력에는 일정 나이가 되면 배워야 할 과제가 있다는 분명한 생각을 가지고 있다. 그래서 아들이 한국에 돌아가기 전에 과제를 완수해야 했다.

미국에 거주하고 있지만 몇 년 후에 한국으로 돌아갈 계획인 한국 부모들은 한국의 학교 교육과정을 따라잡으려 하고 한국 문화 학습을 강조한다. 한국에 돌아가서 자신의 자녀들이 교육과정을 따라가는 데 어려움이 없도록 하기 위함이다. 이 같은 현상은 언어 학습에서도 볼 수 있다. 단기 이민 가정은 국어, 수학, 사회 과목에서 한국 아이들에 비해 뒤처지지 않을 것을 강조한다. 아이들이 미국 학교에 적응하고 일정 수준의 영어를 습득한 직후가 되면 한국에서 교과서를 가져와 공부하는 경우가 많다.

옥은 인터뷰에서 한국어 말하기 능력뿐만 아니라 쓰기 능력도 중요하게 생각한다고 말했다. 그녀는 아들의 한국어 실력이 미국에 사는 한인 이민자가 아니라 한국에 있는 한국 아이들과 같기를 바랐다. 단기체류자들이 영어와 한국어를 모두 배우는 노력을 하고 있음을 보여주는 실례이다. 이는 균형 잡힌 완벽한 이중언어에 대한 어머니의 생각을 반영한 것이다.

> 우리 아이의 한국어 능력은 미국에 사는 한인이 아닌 한국에 사는 또래와 비교하고 싶어요. 한국말과 한국어는 잘하는데, 글을 쓰는 데 어려움을 느끼고 한자로 된 낱말은 잘 알지 못해서 걱정이 많이 되죠.
>
> -옥(인터뷰 2018년 1월15일)

관찰한 바에 따르면, 한인 이민자 단기체류자들은 미국에 올

때 종종 한국어 교과서를 가지고 오고, 해외에 있을 때 한국어 교육과정을 따라가기 위해 그들 자료들을 활용했다(Tse 2001; Kwon 2017 참조).

이에 비해 미국으로 이민을 간 한인 1.5세대는 한국으로 돌아갈 수 있는 기회가 제한적이다. 마찬가지로 이들은 한국에 가족이 많지 않고, 이미 미국에 정착한 탓에 몇몇을 제외하고는 자녀와 함께 한국으로 돌아갈 기회가 거의 없었다. 이 그룹의 이동성 부족은 다음 하나(Hana)와의 인터뷰에서 살펴볼 수 있다. 그녀는 학교에서 아이들이 한국어를 얼마나 잘 구사하고 한국으로 돌아갈 계획이 있는지 자주 질문을 받는다고 말했다. 한인 사회 구성원들은 한국인의 민족적 정체성을 한국어 능력 혹은 한국으로의 이동성이나 접근성과 연관시키곤 한다. 이는 한국인 2세 아이들에게 항상 해당되는 것은 아니다.

> 선생님은 매일 우리 아이들에게 "언제 한국에 갔느냐" "언제 다시 한국에 갈 계획이냐" "한국말을 얼마나 하느냐"라고 묻습니다. 우리 아이들은 한국말을 전혀 못하고 한국에 가본 적이 없다고 대답하죠. "엄마, 우리는 한국인인데 어떻게 한국에 한 번도 가본 적이 없어요?"
>
> —하나(인터뷰 2017년 11월 14일)

이 인용문은 한국 문화와 언어에 대한 1.5세대의 제한된 접근을 보여준다. 이미 미국사회에 정착한 한인 1.5세대 가족은 비록 휴가차 한국을 방문할 수는 있어도 한국에서의 미래 생활을 꿈꾸기는 어렵다. 그렇지만 이들 가족의 언어 사용과 다른 사람들이 사용하는 가정 언어 사이에는 분명 차이가 있다. 전반적으로 이 섹션에서 분석한 예들은 가족의 미래 계획과 방향성이 일상생활에서의 언어 학습 및 언어 관행에서 그들 가정의 가치관에 어떤 영향을 미치는지 보여준다. 이주 배경과 미래 지향성의 차이점은 가족의 독특한 언어 및 문해력 습관을 형성한다. 가족의 계획과 예정된 이주 기간은 FLP 의사 결정을 주도하고(Hirsch & Lee 2018), 두 언어와 독특한 언어 관행의 서로 다른 가치를 형성한다.

최근의 팬데믹 기간 동안 가정은 가족 구성원 간의 지식을 공동으로 구축하고 경험을 공유하는 학습 커뮤니티가 되었다. 이러한 상황에서 가정을 지속가능한 학습 환경으로 만들고 관리하는 데 어머니의 역할이 더욱 중요해졌다. 특히 이민 1세대 어머니들은 미국 교육 시스템에 대한 경험이 부족할 수밖에 없다. 그리하여 자녀의 학습 지도에 온전히 참여하지 못하는 것에 대한 우려를 종종 토로하곤 한다.

경(Kyung)은 "나는 아메리칸 스타일을 따라야 해요. 제가 할 수 있는 일이 많지 않고, 이곳의 교육 시스템에 익숙하지 않아요"라고 말했다. 팬데믹은 경을 무력하게 만들었다. 자녀의 교육을 촉진하고 자녀의 온라인 수업을 돕는 데 적극적인 역할을 하지 못했다.

다음 발췌문에서 경은 팬데믹 기간 동안 집에서 교육 관리자로서 책임과 도전 과제가 커졌음을 보여주었다. 경은 "과거에는 딸아이가 중요한 부분을 학교에서 배웠기 때문에, 학교에서 배운 내용을 복습하는 일과 숙제를 도와주면 되었어요. 하지만 상황이 많이 달라졌어요. 딸아이가 선생님이 진행하는 온라인 수업을 듣더라도, 집에서 공부를 하다 보니 딸의 교육에 대한 나의 책임감이 더 커진 것 같아요. 또한 딸아이의 학습 성과가 나에게 많이 달려 있다고 생각해요"라고 말했다.

이 연구를 수행하면서 만난 어머니들은 자녀의 교육을 관리해야 하는 막중한 책임을 느끼고 있었다. 예를 들어, 자녀의 학습 평가가 저조할 경우 양육의 실패로 해석되었다. 팬데믹 이전에는 언어 습득이 학교에서 이루어졌다. 그러나 본 연구의 이민자 어머니들은 팬데믹 기간 동안 언어 장벽에 봉착하고, 문화적 차이를 경험해야 했다. 또한 주류 사회에서의 교육 경험이 부족하여 교사 역할을 수행하기가 어려웠다.

미(Mi)는 "이 시기에 서투른 영어로 엄마의 역할을 해야 하는 동시에 딸의 교사나 매니저가 되어야 한다고 느낀다"고 말했다. 미는 미국에 도착한 지 얼마 되지 않았다. 특히 딸아이의 영어 능력이 충분히 계발되기도 전에 집에 고립되어 있어서, 딸아이의 언어 발달을 걱정하고 있었다. 미는 COVID-19로 인해 영어를 배울 기회를 잃을 수 있다고 생각하고 있었다.

> 딸아이의 영어가 가장 걱정됩니다. 딸아이는 말하기 실력을 향상시키기 위해 영어로 많이 말해야 하는데, 요즘은 미국인들을 만날 기회가 별로 없어요. … 누구와 이야기를 하든 상관없지만, 딸아이가 영어로 말할 기회를 더 많이 갖기를 바랄 뿐이에요. 내가 딸에게 문법과 간단한 것을 가르칠 수 있지만, 남편과 나는 영어를 유창하게 말할 수 없기 때문에, 딸이 말하기와 쓰기 실력을 향상시킬 수 있는 더 나은 환경에 있었으면 합니다.

미는 집에서 영어 사용 환경을 조성할 수 없다는 사실에 좌절하고 있다. 강한 책임감에도 불구하고 그녀는 특히 집에서 이루어지는 이중언어 문해력 활동을 통해서는 딸의 언어 발달을 도울 수 없다고 생각한다. 영어 전문가로서 지식을 제공하는 대신, 미는 딸과 함께 공부하는 학습 전략을 채택하여 자녀를 위한 학습 모델(직접 ESL 과정을 수강)이 되었다.

이 두 개의 발췌문은 어머니의 새로운 책임과 역할이 가정에서 어떻게 구성되고 표현되는지를 보여준다. 거주 국가의 언어를 구사하고 그 사회에 적응하기를 원하는 새로 도착한 이민자 가족의 경우, 집 밖에서 언어와 문화를 배울 수 있는 충분한 기회가 없기 때문에 현 팬데믹 상황은 훨씬 더 큰 도전이 되고 있다.

6. 논고

본 연구는 한인 이민자 가족의 사회문화적, 언어적 특성과 이들의 상호작용을 조사함으로써 FLP의 역학과 한인 이민자 가족의 집단 내 다양성을 보여주었다. 본 연구에 참여한 모든 가족은 자녀를 위한 이중언어 사용의 중요성을 인식하고, 가정에서 한국어-영어 이중언어 환경을 유지하는 방법을 선택하였다. 그러나 본 연구는 다양한 배경을 가진 한인 가족의 복잡성을 담고 있다. 이민 신분, 역사, 문화적, 사회적 위치를 포함한 세대 간의 다양한 측면은 가족의 언어 관리 및 유지에 영향을 미친다. 이 연구의 결과는 이민자의 배경과 역사(예: 1세대 또는 1.5세대)가 다르고 계승어에 대한 이데올로기가 다르기 때문에, 세대 간의 영향이 가족마다 다를 수 있음을 나타낸다.

우선, 본 연구의 결과는 초국가적 부모가 가정에서 사용하는 언어의 다양한 역할을 이해하고 있을 뿐 아니라, 초국가적 가족이 협의와 유연성을 발휘하면서 자녀의 이중언어 발달을 지원하는 중요한 공간이 다름아닌 가정이라는 점에서 선행 연구와 일치한다(Kim 2002; Park & Sarker 2007; Song 2016 a). 또한 가족 내 언어 사용은 세대 간의 상호작용과 부모의 이민 경험에 의해 영향을 받는다. 그러나 이 연구는 계승어의 유지가 다른 그룹 간에 다르게 이해될 수 있음을 보여준다. 1.5 한인 부모 세대는 계승어의 유지가 이민자 사회에서 확대되는 한국어 가치와 민족 정체성에 기반한다고 믿는 반면, 단기체류자의 계승어 유지 요구는 미래의 한국 귀국에 기반을 두고 있다.

둘째, 본 연구의 결과는 두 언어가 가족의 언어적 레퍼토리 범위를 구성하고 확장하기 위한 자원으로서 역할한다는 점에서 한인 이민자 가족의 언어 정책 및 관행에 대한 선행 연구를 뒷받침한다(Song 2016b). 그러나 본 연구는 중개 분석에 초점을 맞추어 한인 초국가적 가족의 다양한 그룹 간의 역학과 다양성을 집중적으로 살펴보았다. 모든 가족이 의미를 명확히 하고 보완하기 위해 두 언어를 자원으로 사용한다. 하지만 단기 및 장기 초국가적 가족은 종종 자녀의 영어 능력에 의존하는 반면, 1.5세대 부모는 가정에서 자녀-조부모 간의 상호작용을 돕기 위해 언어 및 문화 중개자 역할을 담당하고 있다.

또한 한인 가족이 자신의 계승어와 문화를 유지하기 위해 언어 교육에 투자하는 방식은 미래 지향성과 깊은 관련이 있다. 미국에 남느냐 한국으로 돌아가느냐가 교육 결정에 영향을 미치는 핵심 요소이다. 초국가적 가족은 언어 사용을 전략적으로 관리하고, 교육적 결정을 내리고, 일상생활에서 언어 정책을 시행한다.

집단별 차이를 보면, 단기체류 1세대가 이주 초기에 가장 먼저 하는 일은 가용 자원(예: 영어 실습을 위한 방과후 학습 프로그램)을 활용하여 영어를 배우는 것이다. 이 같은 모습은 일정 기간 후 한국으로 귀국할 계획을 고려하여 영어 학습과 한국어 능력 유지에 집중하도록 추후 변경될 수 있다. 두 번째 그룹인 1세대 장기체류자는 두 언어의 가치를 강조한다. 그들은 특히 그들이 소속된 지역 한인 사회에서 관찰되는 한국어의 가치를 강조한다. 1.5세대에게는 가족 내에서도 계승어의 중요성과 유지가 강조되고, 이 과정에서 가족의 압력이나 세대 간 요인이 중요한 역할을 한다.

이러한 결과가 뒷받침하는 것처럼, 이중언어 사용의 개념과 계승어 유지의 의미는 그룹 간에 다른 모습으로 구성된다. 다양한 삶의 궤적, 가족의 언어 환경과 자원, 미래 계획이 FLP와 가정에서의 실행에 영향을 미친다. 특히 언어정책은 이전 세대에서 이루지 못한 것을 성취하기 위한 도구이며(예: 자녀의 영어실력 향상에 대한 미의 기대와 손자를 위한 하나 아버지의 계승어에 대한 투자), 또한 각 가정에서 그들의 미래에 대한 열망에 기반한다. 본 연구는 기존의 한국어-영어 이중언어 사용 이민자 가족의 언어 사용 및 학습에 대한 연구를 넘어 초국가적 한인 가족 간의 집단 내 다양성을 포착함으로써 이 분야의 연구에 확실히 기여하고 있다.

7. 결론

본 연구는 미국의 현대 도시에서 한인 초국가적 가족이 그들의 언어적, 문화적 유산을 어떻게 관리하는지에 대한 실증적 증거를 제시한다. 이민 신분이 다른 한인 가족이 이중언어 사용과 다양한 언어 사용에 대한 이념적 담론을 어떻게 채택, 거부 및 수정하는지 보여준다. '합당한 관행'을 구성하는 것은 다양한 언어 이념 및 미래 지향성과 연관될 수 있다. 각 가족은 이중언어 사용에 대한 서로 다른 가치관과 씨름한다. 본 연구는 초국가적 생활 경험, 언어 이데올로기 및 미래 지향성 사이의 복합적 연계성이 이민자 가족의 언어 관행과 조화를 이루든 상충하든, 그것이 어떻게 조직되는지에 대한 이해를 도모한다.

본 연구는 또한 FLP 연구의 범위를 특정 가족의 FLP가 '무엇'인지에 머무르지 않고 일상적인 상호작용에서 FLP를 구성하는 '방법'으로 확장함으로써 기존 FLP 연구 분야에 기여하고 있다. 가정 내 언어와 정책을 면밀히 관찰하는 것은 한인의 다양한 요구와 이들을 지원하기 위한 제도적 정책에서 실질적인 의미를 갖는다. 즉, 한인 가정의 복잡하고 풍부한 언어 경험을 분석하는 것은 가정에서의 언어 사용을 이해하는 데 국한되지 않는다.

한인 이민자 부모가 자녀의 모국어를 유지하려는 동기는 민족 정체성을 유지하고 세대 간 소통을 가능하게 하는 것과 밀접한 관련이 있다(Kang 2013; Park & Sarkar 2007). 하지만 이를 위해서는 교육기관과 지역사회의 공동 노력이 필요하다. 미국에 거주하는 한인 디아스포라의 문화적, 언어적 다양성이 증가하고 있음을 고려할 때, 초국가적 학생들과 그들 가족에 대한 보다 섬세한 이해와 실증적 연구를 통한 구체적인 지원이 필요하다. 부모와 자녀 모두를 위한 언어 학습의 유지와 실습에 대한 정보를 공유하는 커뮤니티를 구성함으로써 다양한 한인 초국가적 가족을 더 잘 지원할 수 있으며, 이는 부모와 자녀 모두가 미국생활에 잘 적응하게 함은 물론 최종적으로 한국 귀국을 용이하게 할 수 있다(Hirsch & Lee 2018).

이러한 시사점은 한인 사회에 국한되지 않고, 한국의 디아스포라 커뮤니티를 포함한 다른 이민자 커뮤니티에도 해당된다. 이 연구의 결과는 초국가적 가족의 자녀들과 함께 일하는 다른 이민자 가족 및 실무자들에게 지침이 될 것이다. 가정, 지역사회, 학교에서 이루어지는 학습 과정의 필수적인 부분으로서 두 가지 언어 환경에 놓여 있는 이중언어 사용 자녀의 문해력 교육에 대한 역동적이고 복잡한 특성을 이해하는 것이 중요하다.

참고문헌

American Community Survey 5-year Estimates (2012), Language Most Commonly Spoken at Home, Other than English or Spanish AAPI Data.
Blackledge, A. & Pavlenko, A.(2001), "Negotiation of identities in multilingual contexts," *International Journal of Bilingualism,* 5(3), pp.243-257. DOI :10.1177/13670069010050030101.

Bloomeart, J.(2013), *Ethnography, superdiversity and linguistic landscapes: Chronicles of complexity,* Tonawanda, NY: Multilingual Matters.

Brown, C.L.(2011), "Maintaining heritage language: Perspectives of Korean parents," *Multicultural Education,* 19(1), pp.31-37.

Bucholtz, M. & Hall, K.(2008), "All of the above: New coalitions in sociocultural linguistics," *Journal of Sociolinguistics,* 12(4), pp.401-431.

Canagarajah, S.(2008), "Language shift and the family: Questions form the Sri Lankan Tamil diaspora," *Journal of Sociolinguistics,* 12(2), pp.143-176.

Chung, E.S.(2019), "The role of parental support in heritage language maintenance of Korean-Americans," *Journal of British & American Studies,* 45, pp.101-30.

Curdt-Christiansen, X.L.(2009), "Invisible and visible language planning: Ideological factors in the family language policy of Chinese immigrant families in Quebec," *Language policy,* 8(4), pp.351-375.

Curdt-Christiansen, X.L.(2013), "Negotiating family language policy: Doing homework," In M. Schwartz & A. Verschik(Eds.), *Successful family language policy: Parents, children and educators in interaction,* Springer, pp.277-295.

Duff, P.(2014), "Case study research on language learning and use," *Annual Review of Applied Linguistics,* 34, pp.233-255.

Duff, P.(2015), "Transnationalism, multilingualism, and identity," *Annual Review of Applied Linguistics,* 35, pp.57-80.

Eckert, P.(2000), Linguistic Variation as Social Practice: *The Linguistic Construction of Identity in Belten High,* Oxford: Blackwell.

Fishman, J.A.(1991), *Reversing language shift: Theoretical and empirical foundations of assistance to threatened languages,* Clevedon: Multilingual Matters.

Fogle, L.W.(2012), *Second language socialization and learner agency: Talk in three adoptive families,* Clevedon: Multilingual Matters.

Fogle, L.W.(2013), "Parental ethnotheories and family language policy in transnational adoptive families," *Language Policy,* 12.

Fogle, L.W. & King, K.A.(2013), "Child agency and language policy in transnational families," *Issues in Applied Linguistics*, 19, pp.1-25.

Gafaranga, J.(2010), "Medium request: Talking language shift into being," *Language in society*, 39(2), pp.241-270.

Higgins, C.(2019), "The dynamics of Hawaiian speakerhood in the family," *International Journal of the Sociology of Language*, 255, pp.45-72.

Hirsch, T. & Lee, J.S.(2018), "Understanding the complexities of transnational family language policy," *Journal of Multilingual and Multicultural Development, 39*(10), pp.882-894. DOI: 10.1080/01434632.2018.1454454.

Holstein, J.A. & Gubrium, J.F.(1995), *The active interview,* Sage Publications, Inc.

Hua, Z. & Wei, L.(2016), "Transnational experience, aspiration and family language policy," *Journal of Multilingual and Multicultural Development*, 37(7), pp.655-666.

Jang, S.(2020), "The pluralist language ideology of Korean immigrant mothers and the English-only principle in early childhood education programs," *Language and Education*, 34(1), pp.66-80. DOI:10.1080/09500782.2019.168 2598.

Johnson, D.C.(2013), *Language policy*, UK: MacMillian.

Kang, H-S.(2013), "Korean-immigrant parents' support of their American-born children's development and maintenance of the home language," *Early Childhood Education Journal*, 41, pp.431-438.

Kang, H-S.(2015), "Korean families in America: Their family language policies and home-language maintenance," *Bilingual Research Journal*, 38, pp.275-291.

Kibler, A.K., Palacios, N., Simpson-Baird, A., Bergey, R. & Yoder, M.(2016), "Bilingual Latin children's exposure to language and literacy practices through older siblings in immigrant families," *Linguistics and Education*, 35, pp.63-77.

Kim, E.(2002), "The relationship between parental involvement and children's educational achievement in the Korean immigrant family," *Journal of Comparative Family Studies*, 33(4), pp.529-540.

Kim, H. & Agee, M.N.(2019), "'Where are you from?' Identity as a key to parenting by 1.5 generation Korean-New Zealand migrants and implications for counselling," *British Journal of Guidance and Counselling*, 47(1), pp.35-49.

King, K.A.(2016), "Language policy, multilingual encounters and transnational families," *Journal of Multilingual and Multicultural Development*, 37(7), pp.726-733.

King, K.A., Fogle, L. & Logan-Terry, A.(2008), "Family language policy," *Language & Linguistics Compass*, 2(5), pp.907-922.

King, K.A. & Fogle, L.W.(2013), "Family language policy and bilingual parenting," *Language Teaching*, 46(2), pp.172-194.

Kwon, J.(2017), "Immigrant mothers' beliefs and transnational strategies for their children's heritage language maintenance," *Language and Education*, 31(6), pp.495-508.

Kwon, J.(2020), "Negotiating family language policy and ideologies of multilingualism: Perspectives of a Korean mother and a Korean American child in a multiracial family," *Language Arts*, 97(6), pp.351-362.

Lanza, E. & Wei, L.(2016), "Multilingual encounters in transcultural families," *Journal of Multilingual and Multicultural Development*, 37(7), pp.653-654.

Lawson, R.(2014), "What can ethnography tell us about sociolinguistic variation over time? Some insights from Glasgow," In R. Lawson(Ed.), *Sociolinguistics in Scotland*, London: Palgrave Macmillan, pp.197-219.

Lee, H.(2019), "Success stories in family language policy," *International Journal of the Sociology of Language*, 2019 (255), pp.167-173.

Li, G.(Ed.)(2009), *Multicultural families, home literacies, and mainstream schooling*, Charlotte, NC: Information Age Publishing.

Macalister, J. & Mirvahedi, S.(Eds.)(2016), *Family language policies in a multilingual world: Opportunities, challenges, and consequences*, London: Taylor & Francis.

Merriam, S.B. & Tisdell, E.J.(2016), *Qualitative research: A guide to design and implementation*, John Wiley & Sons.

Orellana, M.F.(2009), *Translating Childhoods: Immigrant Youth, Language and Culture*, New Brunswick, NJ: Rutgers University Press.

Park, S.M.(2013), "Maintenance of Korean as a heritage language: A case study of one Korean ethnic church in Canada," *Korean Journal of Applied Linguistics*, 29(4), pp.139-170.

Park, S.M. & Sarker, M.(2007), "Parents' attitudes toward heritage language maintenance for their children and maintenance for their children and their efforts to help their children maintain the heritage language: A case study of Korean-Canadian immigrants," *Language, Culture and Curriculum*, 20(3), pp.223-235. DOI: 10.2167/lcc337.0.

Piller, I. & Cho, J.(2013), "Neoliberalism as language policy," *Language in Society*, 42(1), pp.23-44.

Rumbaut, R.G.(2004), "Ages, life stages, and generational cohorts: Decomposing the immigrant first and second generations in the United States," *International Migration Review*, 38(3), pp.1160-1205.

Rumbaut, R.G. & Ima, K.(1988), *The adaptation of Southeast Asian refugee youth: A comparative study. Final report to the Office of Resettlement*, Washington, DC: U.S.

Rydell, M.(2018), "Being 'competent language user' in a world of Others: Adult migrants' perceptions and construction of communicative competence," *Linguistics and Education*, 45, pp.101-109.

Schiffman, H.F.(1996), *Linguistic Culture and Language Policy*, London: Routledge.

Schwartz, M.(2010), "Family language policy: Core issues of an emerging field," *Applied Linguistics Review*, 1, pp.171-192. DOI: https://doi.org/10.1515/9783110222654.171.

Shohamy, E.(2006), *Language Policy, Hidden Agendas and New Approaches*, London: Routledge.

Shin, S.(2005), *Developing in two languages: Korean children in America*, Tonawanda, NY: Multilingual Matters.

Silverstein, M.(1979), "Language Structure and Linguistic Ideology," In P.R. Clyne, W.F. Hanks & C.L. Hofbauer(Eds.), *The Elements: A Parasession on Linguistic Units and Levels*, Chicago: Chicago Linguistic Society, pp.193-247.

Smith-Christmas, C.(2015), *Family language policy: Maintaining an endangered language in the home*, Springer.

Spolsky, B.(2012), "Family language policy: The critical domain," *Journal of Multilingual and Multicultural Development*, 33(1), pp.3-11.

Song, J.(2012), "The struggle over class, identity, and language: A case study of South Korean transnational families," *Journal of Sociolinguistics*, 16(2), pp.201-217.

Song, K.(2016a), "Nurturing young children's biliteracy development: A Korean family's hybrid literacy practices at home," *Language Arts*, 93(5), pp.341-353.

Song, K.(2016b), "No one speaks Korean at school!: Ideological discourse on languages in a Korean family," *Bilingual Research Journal*, 39(1), pp.4-19.

Song, K.(2016c), "Okay I will say in Korean and then in American: Translanguaging practices in bilingual homes," *Journal of Early Childhood Literacy*, 16(1), pp.84-106.

Suh, S.(2020), "An examination of the language socialization practices of three Korean American families through honorifics," *Bilingual Research Journal*, 43(1), pp.6-31.

Tse, L.(1996), "Language brokering in linguistic minority communities: The case of Chinese- and Vietnamese-American students," *The Bilingual Research Journal*, 20(3&4), pp.485-498.

Tse, L.(2001), "Heritage language literacy: A study of US biliterates," *Language Culture and Curriculum*, 14(3), pp.256-268. DOI:10.1080/07908310108666627

US Census Bureau(2010-2018), American community survey. Race: Table B02001.

Ventureyra, V.A.G., Pallier, C. & Yoo, H.(2004), "The loss of first language phonetic perception in adopted Korean," *Journal of Neurolinguistics*, 17(1), pp.79-91.

Vertovec, S.(2007), "Super-diversity and its implications," *Ethnic and Racial Studies*, 30(6), pp.1024-1054.

Wei, L.(2012), "Language policy and practice in multilingual, transnational families and beyond," *Journal of Multilingual and Multicultural Development*,

33(1), pp.1-2.

Wei, L. & Hua, Z.(2019), "Imagination as a key factor in LMLS in transnational families," *International Journal of Sociology of Language*, 255, pp.73-107.

You, B.K.(2005), "Children negotiating Korean American ethnic identity through their heritage language," *Bilingual Research Journal*, 29(3), pp.711-721.

접촉지대의 언어들

야민정음의 서브컬처적 기원과
가치 판단의 문제

오영진(가상현실공연 연출가)

작년에 인기를 끌었던 JTBC 드라마 〈부부의 세계〉(2020)를 〈쀼의 세계〉라는 별칭으로 부르는 일은 심심치 않게 목격할 수 있다. 별다른 어려움 없이 우리는 여기서 '부부'가 '쀼'로 바뀐 것임을 유추할 수 있다. 시각적으로 '부부'의 각 음절 '부'가 붙어 있으면 언뜻 '쀼'의 형상과 비슷하기 때문이다. 개의 애칭인 '멍멍이'가 '댕댕이'로 표기되는 일은 너무나 자연스럽다. 시각적으로 '멍'과 '댕'이 교환되어 생긴 신조어이다. 발음이 귀엽다는 이유로 '댕댕이'(teŋteŋi)가 멍멍이의 대체어 자리를 쉽게 차지하고 있다. 심지어 '팔도비빔면'이라는 비빔라면 브랜드는 '네넴띤'이라는 또 다른 이름으로 리뉴얼되어 팔리고 있다.

한글 자모 체계의 조합이 보여주는 다채로운 오인(誤認)들이

2021년 한국의 공중파 방송은 '멍멍이'를 '댕댕이'로 표기하고 있다.
(출처 https://m.imbc.com)

하나의 놀이로 인식되어 소위 '야민정음'의 표기 체계를 구성한다. 본격적으로 야민정음이 우리 사회에 광범위하게 유행하기 시작한 해는 2017년 정도이다. 이제는 새로운 표기법으로 안착한 듯이 보인다. 이런 흐름을 반영한 듯 외국인을 위한 한국어 교재에 쉬어가는 코너로 '야민정음'식 표기를 안내하는 사례도 발견된다.

여전히 야민정음식 표기가 한글을 파괴하는 놀이가 아닌가 하는 의문이 존재한다. 이에 대한 가치 판단도 한글에 대한 창조적 파괴라는 관점과 혼란스러운 은어라는 관점이 대립하고 있는 실정이다. 이 글에서 이에 대한 논쟁을 벌일 필요는 없을 것 같다. 애초에 답이 없는 문제이며, 현재 일어나는 현상에 대한 가치를 비교하자면 양쪽의 판단 모두 옳은 측면이 있기 때문이다. 또한 야민정음 현상의 끝자락에서 그 가치를 논하는 일은 이 현상의 본질이 무엇인지 아는 데 아무런 도움이 안된다.

조선대학교의 강옥미 교수는 그의 논문 〈야민정음과 급식체의 해체주의 표현연구〉(《인문학연구》, 2018.08)에서 이 같은 야민정음식 표기 방식이 언어의 기표를 해체하려는 자연스러운 욕망의 결과이며, 가깝게는 20세기 초 한국 문학의 전위적인 사례에서도 종종 발견되는 일이라고 진단한다. 서울대학교의 박진호 교수는 교내 언론 기고문에서 15세기 한글이 창제된 이후 인쇄소에서 조판중 특정 활자를 다른 표현으로 재활용하기 위해 각도를 바꾸어 사용한 일은 종종 있었던 일이며, 규칙 안에서 최대한 창조적으로 표현하려는 인간의 노력은 당연한 것이라고 진단한 바 있다.(〈야민정음, 발랄한 문자 놀이〉, 《서울대저널》, 2017.09.04; http://www.snujn.com/news/33973?ckattempt=1)

문학과 언어학 분야의 연구자들이 야민정음이 보여주는 언어 유희적 측면을 오랫동안 지속된 인간의 창조적 행동의 결과라고 판단하고 있는 것이다. 그들은 이는 결코 새로운 일이 아니며, 한글에 대한 변용이 너그럽게 허용되어야 한다는 입장을 취한다.

문화 연구자로서 필자는 위의 해석에 동의하는 편이다. 하지만 이러한 관점이 야민정음식 표기방식이 21세기인 지금 왜 대중적인 유행을 얻게 되었는지, 표기 체계의 변용 문화가 왜 한편으로는 폭력적인 방식으로 누군가에 대한 혐오의 표현으로 사용되는 일이 잦은지 대답하기는 어렵다고 판단한다. 야민정음은 네트워크가 만들어낸 독특한 인터넷 문화의 산물이라는 점을 간과해서는 안된다. 야민정음의 출발은 예술가의 타이포그래피적인 실험도, 인쇄기술자의 제한 상황을 돌파하는 재치도 아니기 때문이다.

정작 야민정음을 만들어 내었던 디시인사이드(https://www.dcinside.com. 미국의 4chan 커뮤니티와 비슷한 한국의 인터넷 커뮤니티)에서는 그 인기가 사라지고 있는 편이다. '야민정음(yamindzʌŋɯm)'은 디시인사이드 내 '야구갤러리(yagugɛllʌri)'와 '훈민정음(hunmindzʌŋɯm)'의 합성어라는 기원을 가지고 있다. 이 점이 야민정음을 이해하는 중요한 포인트다. 야민정음의 문화는 본래 특정 인터넷 부족민의 은밀한 소통 방식이었는데, 그것이 노출되어 대중화되자 그것을 만든 자들에게 버림을 받게 되었다. 이 사실은 야민정음 역시 인터넷 밈 문화의 한 구성물이라는 점을 간접적으로 드러낸다.

인터넷 밈은 기본적으로는 한 장의 인상적이며 우스꽝스러운 이미지인 경우가 많으며, 처음에는 특정 커뮤니티의 게시판을 통해 발견되고 통용된다. 이것은 단지 공유하고 소비하는 이미지가 아니라 그들만이 이해할 수 있는 의사소통의 단위로 작동한다. 특정한 감정적 순간을 담은 경우가 많아서 복잡하지 않지만 짧은 표

"이건 꿈일 거야"라는 자막을 단 TV 프로그램 〈무한도전〉의 한 장면.
황당하거나 어이없는 경우, 댓글에 첨부하는 인터넷 밈으로 자주 사용된다.

현을 대체하는 방식으로 사용된다. 원래의 출처에서 절취되어 그
맥락과는 상관없이 제멋대로 소통의 단위로 쓰인다는 점에서 인
터넷 밈은 새로운 세대의 언어라고 할 수 있다. 특히 지난 15년간
한국에서는 TV 프로그램 연출에서 자막을 붙여 시청자에게 상황
설명을 다채롭게 하는 것이 유행이었는데, 그 자막의 사용이 인터
넷 밈의 쓸모를 더했다.

　처음엔 작은 커뮤니티에서 열광적으로 통용되던 인터넷 밈이

점차 보편적인 인기를 얻게 되면 원 커뮤니티는 이내 싫증을 내고 다른 인터넷 밈을 찾아 헤맨다. 애초 인터넷 밈의 중요한 기능 중 하나가 유머 이전에 표식이었기 때문이다. 특정한 이미지에 반응해 웃을 수 있는 일은 해당 커뮤니티의 일원이 아니면 쉽게 익힐 수 없는 것이다. 특정한 인터넷 밈을 표현 단위로 자연스럽게 사용할 수 있느냐 없느냐가 게시판의 올드 유저인지, '뉴비'인지 확인하는 척도가 된다. 최근 디시인사이드(광범위한 취미, 취향 공동체) 유저를 중심으로 경쟁 상대인 루리웹(게임, 애니메이션 위주의 서브컬처 공동체) 유저를 색출하려는 '근첩'이라는 용어도 생겨났다. '근'이 'ㄹ'로 오인되는 교환 관계를 이용해 루리웹을 뜻하는 'ㄹ'을 '간첩'이라는 말과 합성한 말이다. 야민정음과 배타적 부족주의의 관계를 잘 드러내는 에피소드라고 생각한다.

영어권에도 야민정음과 유사한 leet라는 게 있었다. 영어의 표기 체계를 숫자나 기호로 대체해 인터넷 게시판의 은어로 사용하는 문화다. 이는 1980년대의 게시판 문화에서 그 기원을 찾을 수 있다. leet는 1337이라고 표기되기도 하는데, 이는 알파벳과 숫자의 도상적 유사성 때문이다. 이들은 you를 u로, are를 r로 축약하는 방식도 애용했는데, 오늘날 한국의 급식체 자모 축약체와 유사한 것이다. BBS 관리자가 시스템에서 공유되는 음란한 콘텐츠를 단속할 때, 사용자들은 단속을 피하기 위해 leet를 애용했다. 대표적인 예는 포르노를 p0rn(O에 0 포함)으로 혹은 p()rn으로 바꿔 표기하

출처: 유튜버 '아이템의 인벤토리', '야민정음'은 어떻게 생겨난 말일까?,
2019.03.09(https://youtu.be/33T2BdLv7Fc). '아이템의 인벤토리'라는 유튜버는 인터넷 문화의
기원을 설명하는 인터넷 언어학자에 가까운 면모를 보여주고 있다.

는 일이었다. leet는 게시판에서 우월한 지위를 가지고 특정한 폴
더에 접근할 수 있는 한정된 사용자 그룹을 의미하는 elite에서 기
원한 명칭으로, 시스템의 허점을 파고드는 언어 사용을 하나의 특
권으로 생각했다. 그러나 현재는 사실상 생명력을 잃고 몇몇 표현
만 살아남은 상태다.

　이에 비해 야민정음은 비교적 최근에 발화되어 국내에서 통용
되고 있다. leet가 생명력을 상실한 이유는 인터넷 밈이라는 동력

출처: 〈무한도전〉 '알래스카에서 김상덕씨 찾기' 편, 2010.

이 곁에 없었기 때문이다. 사실 전통적인 leet가 퇴행했을 뿐, 인터
넷 밈에 기반한 의사소통 체계는 서양이나 한국이나 폭발적으로
성장 중이다.

야민정음이 처음 유행하게 된 것은 은어 체계의 배타적인 부
족민적 특징에 기인하며, 인터넷 밈으로 만들어져 퍼져나갔다. 예
를 들어 디시인사이드의 야구갤러리에서는 야구 선수 '강귀태'의
컴퓨터 게임 상의 출력 상태가 '강커태'로 오인되는 측면을 이용해,
종종 '귀'를 '커'로 바꿔 부르는 그들만의 문화가 있었다(2009년의 일).

이후 〈무한도전〉의 '알래스카에서 김상덕씨 찾기' 편에서 개그맨 정형돈이 '앵커리지' 한인회관을 '앵귀리지'라고 잘못 읽는 우스꽝스러운 장면(2010년의 일)이 일어났다. 이 장면과 조우해 인터넷 밈으로 확산되면서 '귀=커' 혹은 '커=귀'라는 문법을 획득하게 된다.

이 외에도 '유=윾', '대=머' 등의 교환 관계는 대부분 특정한 인터넷 밈의 발견과 연이은 확산에 힘입어 형성된 것이다. 즉 야민정음의 체계는 결코 자의적으로 형성되지 않는다. 각각의 교환에는 지난 10여 년간 하위 인터넷 문화의 역사가 농축되어 있으며, 개별 사용자의 임의적인 시각적 오인 현상은 기각된다. 야민정음 유행의 끝자락에서는 이러한 야민정음의 형성 과정이 읽히지 않는다. 하지만 조금만 관심을 갖고 커뮤니티를 살펴보면 각각의 문자 치환 행위가 특정한 밈의 정서를 바탕으로 이루어지며, 그 안에 포박당하고 있다는 사실을 발견할 수 있다. 귀여운 단어인 '댕댕이'의 이면에는 '김대중 대통령'을 '김머중 머통령'으로 폄하해 불렀던 특정 커뮤니티의 정치적 입장과 폭력성이 숨어 있는 것이다.('대=머'의 최초 기원은 인터넷상에서 이루어지던 특정 커뮤니티의 사상 검증놀이의 산물이었다.)

인터넷 밈이 된 야민정음의 통용 기저에는 하위문화가 갖는 저속함과 부족주의적 특징, 즉 인정 받지 못하는 자들이 서로를 식별하려는 욕구가 있다. 대중이 '멍멍이'를 '댕댕이'로 표기해 사용할수록 그 원안자들은 해당 은어 표현에 흥미를 잃거나 침범당

01 믐ㅐ는 세종머앟 닌릉 롱끼 뫄듭u다.

01 믐ㅐ는 훌륭핬 갓—종 머앟닌께ㅐ ㅂ 같은 의뢰 100성을 어엿뜨 녀저 맹ㅜ 쇠 끄괸깋흡을 딘늉하는 짓 에 머해 다룹u다. 당쇠01 01견 핬 번01랕 쓴 겄01 있다띤 픈툸 세종머앟 상을 향해 3000배를 올릭ok 마 팡합u다.

위 야민정음 표기의 해석은 다음과 같다. "이 문서가 다루는 대상은 세종대왕님을 울게 만듭니다. 이 문서는 훌륭하신 세종대왕님께서 너같이 어린 백성을 어여쁘게 여겨 만드신 훈민정음을 모욕하는 것에 대해 다룹니다. 당신이 이걸 한 번이라도 쓴 적이 있다면 곧장 세종대왕상을 향해 3000배를 올려야 마땅합니다."

했다고 느낀다. 이 점이 흥미로운 것인데, 야민정음의 은어적 성격이 무너지면서 동시에 야민정음 자체를 강화하는 현상을 보여주기 때문이다. 이는 다시, 침범당한 것 같으면 새로운 야민정음 표기로 돌파하려는 특정 커뮤니티의 노력을 가속화한다. 조금 더 괴상하고 읽기 어려운 야민정음 체계는 이러한 심리로 구성되고 있는 것이다. 야민정음은 익명화되고, 정치적이거나 계급적으로 소외받았다고 생각하는 자들의 역구별짓기의 욕망으로 만들어진 특수한 표기 체계인 셈이다.

부족주의적 인터넷 밈이 특정 커뮤니티의 통제를 벗어나 확산되면서, 더 해괴한 방식으로 진화하는 일은 비단 한국만의 문제는 아니다. 세계에서 가장 유명한 인터넷 밈인 개구리 페페의 경우, 처음에는 4chan 등에서 슬픈 눈을 뜨고 할 일이 없는 잉여로운 백수의 이미지였다. 그러던 것이 본격적으로 유행하기 시작하자 극성 4chan 이용자들이 알카에다 페페, 나치 페페, 총기난사 페페로 더 위악적으로 개량해, 대중적인 사용을 막으려는 시도로 이어졌다. 이것이 오늘날 개구리 페페가 인터넷 극우의 대명사가 된 연유다.

인터넷 세대의 텍스팅 기반 소통 방식과 인터넷 밈 문화, 검열 통과와 구별짓기의 욕망 등 여러 항목들이 오늘날의 야민정음이라는 은어 체계를 만들어 냈다. 오늘날 야민정음의 진짜 문제는 한글 파괴가 아니라, 이 표기 체계가 모욕 경제의 언어로 너무 자주 기능한다는 점이다. 세월호 사건(2014)의 '유가족'을 '윰가족'으로 조롱하거나 광주 민주화항쟁(1980)을 '광주 폭도 사태'로 모욕하는 일이 잦으며, 이는 모두 키워드 차단 등의 조치를 비웃으며 은어 체계를 알고 있는 자들만의 낄낄거림을 동반한다.

이 골방의 낄낄거림을 멈추게 하기 위해서는 결국 야민정음의 대중화가 필요하다. 우리가 야민정음의 특정 표현을 최초 야민정음의 문맥에서 끊어버리고 (그들이 최초 밈을 만들 때, 그랬던 것처럼) 원안에서 무단 절취할 때 오히려 야민정음은 한글의 긍정성을 드러

냈다고 할 수 있다.

아마도 익명화된 인터넷 환경이 지속되는 한, 은어 체계의 발달과 그 대중화라는 변증적 관계는 멈추지 않을 것이며, 우리는 제2, 제3의 야민정음 체계를 선물로 받을 것이다. 오늘날의 사이버 네트워크는 우리의 정체성 불안과 그것을 투사할 정념을 동력으로 계속해서 새로운 언어 체계를 구성하고 있다. 이것을 시스템에 반항하는 천진한 사이버펑크적 언어라고 표현하고 싶지만, 이러한 긍정성의 이면에 혐오 발화의 무기가 된다는 점에서 반성하지 않을 수 없다.

결론적으로 야민정음 자체가 한글에 대한 모독이나 파괴인 것은 아니다. 다만 현재로서는 야민정음의 음지화가 특정 네티즌들의 위악적인 태도를 부추기고 강화하는 문제를 발생시키고 있으니, 이를 양지로 끌어내는 게 더 나은 대응 방식이라는 판단을 내리고자 한다.

한국어 시험의 사회정치적 역할과 과제

박수현(상지대학교 국제어학원 강사)

1. 머리말

법무부의 출입국·외국인 통계 연보[01]에 따르면 2019년 말 기준 국내 체류 외국인은 236만 7,607명으로 2015년 대비 32.9%(62만 5,137명) 증가했고, 최근 5년간 평균 7.4%의 증가율을 보였다. 전체 인구 대비 체류 외국인 비율도 2015년의 3.69%에서 2019년에는 4.87%로 매년 증가하는 추세이다. 이질적인 배경의 이주노동자, 결혼이민자, 국제결혼 가정 자녀, 외국인 가정 자녀, 외국인 유학생 등이 국내 언어사회의 새로운 구성원으로 자리매김되면서 정부, 학교, 기업 현장에서는 이들을 선발하고 배치하고 진단하고 인증하고 관리하기 위한 방안을 모색해 왔다. 이 과정에서 한국어

---

01. 《2019년 출입국·외국인 정책 통계 연보》38쪽에서 전재 또는 역재.

시험은 이주민에 대한 의사 결정의 근거가 되는 정보 수집을 위해 널리 활용되고 있다.

한국어가 모국어가 아닌 재외동포 및 외국인을 대상으로 하는 한국어 시험에는 법무부의 위탁을 받아 한국이민재단이 주관하는 귀화용 종합평가(Korean Immigration and Naturalization Aptitude Test: KINAT) 와 영주용 종합평가(Korea Immigration and Permanent Residence Aptitude Test: KIPRAT), 국립국제교육원이 주관하는 한국어능력시험(Test of Proficiency in Korean: TOPIK), 한국산업인력공단이 주관하는 고용허가 제 한국어능력시험(Employment Permit System - Test of Proficiency in Korean: EPS-TOPIK) 등이 있다. 이 외에도 한국어능력평가원이 주관하는 한국어능력평가시험(Korean Language Ability Test: KLAT), 한국방송공사 와 주식회사 형설이엠제이가 주관하는 외국인을 위한 KBS 한국어 능력시험(KBS Korean Langauge Test for Foreigner: KBSKLT) 등도 있다.

이주민 대상의 의사 결정 도구로 한국어 시험 사용이 증가하면서 한국어 평가에 대한 학계의 관심 또한 높아지고 있다. 이러한 주장을 뒷받침하는 근거로 한국어 평가의 연구 동향을 고찰한 선행 문헌(강수정 2017: 김은실, 강승혜 2019: 송향근 2009: 장은아 2011)에 따르면, 관련 문헌이 2009년 134편, 2011년 146편에 불과했지만 2019 년에는 568편을 넘어서는 등 최근 10년 동안 양적인 성장을 이뤄냈다.

이주민 정책도구로서 한국어 시험이 가지는 중요성이 날로 커지고 있음에도 불구하고, 고부담 의사 결정력을 행사하는 한국어 평가도구가 국내 언어사회에 미치는 사회적 영향력(social consequence)이나 평가도구의 구인과 점수 해석의 기초가 되는 사회적, 문화적 가치함축성(value implication)(Messick 1989)처럼 한국어 평가의 사회정치적 속성에 관한 관심과 논의는 소수 선행 문헌을 제외하고는 거의 전무한 실정이다.

따라서 본 연구는 이주민 대상 고부담 의사 결정에 관여하는 한국어 평가의 사회정치적 단면에 대한 학술적, 대중적 관심을 환기하는 것을 목적으로 한다. 이를 위해 먼저 오늘날 국내 언어사회에서 한국어 시험에 기반하여 내려지는 고부담 의사 결정 사례를 소개하고자 한다. 이어서 그간 국내외 인접 학문 분야에서 이루어진 언어시험의 사회적 단면에 대한 학술적 논의를 개관할 것이다. 3장에서는 한국어 교육 분야에서 나타난 한국어 시험의 사회적, 정치적 속성에 관한 학술적 논의의 현황을 살펴볼 것이다. 마지막 4장에서는 결과에 대한 논의와 함께 향후 과제를 제시하고자 한다.

한국어 평가의 사회정치적 단면에 대한 논의는 추후 정책 도구로서 한국어 시험의 사용을 둘러싼 사회적, 문화적, 정치적 갈등을 이해하고 의도하지 않은 부정적인 영향력을 최소화하는 데 이바지할 것으로 기대한다.

2. 이론적 배경

1) 언어시험과 고부담 의사 결정

앞서 언급한 것처럼 오늘날 한국 사회에서도 취업, 유학, 영주, 귀화 등을 목적으로 체류를 희망하는 이주민의 수가 급증함에 따라, 정부, 기업, 학교 단위에서 다양한 한국어 시험이 선발, 배치, 진단, 관리, 인증 등과 같은 이주민 대상의 각종 의사 결정에 관여하고 있다. 박수현과 신동일(2019)에 따르면 한국어 시험들은 아래 표1과 같이 정부, 학교, 기업 단위에서 다음과 같은 국내 이주민 대상의 의사 결정에 관여하고 있는 것으로 밝혀졌다.

〈표1〉 한국어 시험에 기반한 의사 결정 사례

영역		사례
국가	이민 자격	· 귀화용 종합평가(KINAT), 영주용 종합평가(KIPRAT) · 사회통합 프로그램 한국어능력시험 연계 평가 · 결혼이민(F-6) 비자 발급
	전문가 자격	· 외국인 의사 자격자의 국내 면허 인정 · 외국 국적자의 한국어 교원 자격
학교		· 대학(원) 입학 및 졸업 자격 · 장학 혜택 · 기타 배치
기업		· 국내외 기업체 외국인 신입사원 채용 · 국내외 기업체 외국인 직원 해외 연수 등 인사고과 · 중앙 정부 및 지방 정부 다문화 공무원 채용 · 이중언어 코치(이중언어 강사) 채용 · 고용허가제 한국어능력시험(EPS-TOPIK) · 기술 연수(D-4-6) 비자 발급

우선 국가 단위에서 행하는 의사 결정은 크게 이주 자격과 전문가 자격이 있다. 먼저 이주와 관련해서는 (1)법무부의 사회통합 프로그램에서 해당 프로그램 참여 희망자의 단계 배정을 위해 치러지는 사전평가가 있고, 단계 배정 후 0단계에서 3단계에 이르는 한국어와 한국문화 과정 이수자의 승급을 결정하기 위해 각 단계에 치러지는 단계평가들이 있다. 그리고 이 과정의 마지막 단계인 4단계 이수자의 승급을 결정하기 위해 사회통합 프로그램 중간평가가 치러진다. 또한 0단계부터 4단계까지 총 5단계에 이르는 한국어와 한국문화 기본 과정을 수료하거나 기본 과정을 이수하지 않고 사전평가에서 85점 이상을 득점한 영주 신청자가 치르는 영주용 종합평가(KIPRAT)가 있고, 5단계 기본 과정과 심화 과정(한국 사회 이해)을 수료한 후 귀화 신청자가 치르는 귀화용 종합평가(KINAT)도 있다. (2) 2015년 9월 7일부터 법무부는 "한국어능력이 입증된 사회통합 프로그램 참여의 효율화"(법무부 2015)를 위해서 국립국제교육원이 주관하는 한국어능력시험(TOPIK)을 사회통합 프로그램 평가와 연계하여 운영하기 시작했다. 그리고 (3) 2014년 4월 1일에 개정된 결혼이민 사증발급지침에 따라 결혼이민자가 국립국제교육원의 한국어능력시험 1급 이상을 취득하거나 세종학당이나 교육원처럼 지정된 교육기관에서 한국어 초급 과정을 이수하고 평가 시험을 통과하는 등 한국어 의사소통 요건을 충족해야만 결혼이민(F-6) 비자를 발급해 주고 있다.

전문가 자격과 관련해서는 (1) 보건복지부에서 보건복지부장관이 인정하는 외국대학을 졸업하고 외국의 관련 면허를 취득한자를 대상으로 하는 의사 국가시험이 있다. 의사 국가시험을 보기전에 1차 필기시험과 2차 실기시험을 시행하고 있는데, 여기에 한국어능력시험이 포함되어 있다. 한국어 시험은 국립국제교육원에서 시행하는 고급(5급) 이상의 한국어능력시험 성적으로도 대체할수 있다. 그리고 (2) 문화체육관광부에서 "국어를 모어로 사용하지않는 외국인, 재외동포를 대상으로 한국어를 가르치는 사람"에게발급하는 한국어 교원 자격 역시 국립국제교육원의 한국어능력시험에서 6급 이상의 성적을 증명한 외국 국적자에 한해 부여한다.

둘째로 학교 단위에서 행해지는 의사 결정은 크게 세 가지가있다. 먼저 (1) 부모가 모두 외국인인 외국인 학생은 학부 또는대학원 과정의 신입학과 편입학 전형 지원 시에 국립국제교육원의 한국어능력시험 성적을 제출하거나, 본교 국제교육원에서 한국어 과정을 이수하거나, 본교에서 시행하는 한국어 시험을 통과하는 등 일정 수준 이상의 한국어 능력을 증명해야 한다. (2) 순수외국인 전형으로 입학한 외국인 유학생들은 졸업을 위해서도 일정 수준 이상의 한국어능력시험 성적을 졸업 전까지 증명해야 한다. (3) 마지막 의사 결정은 장학과 관련된 것이다. 먼저 입학 시에 한국어능력시험 성적에 따라 신입생에게 장학금을 차등 지급한다. 그리고 입학 후 재학 기간 중에도 한국어능력시험 성적에 따라 성적 우수 장학금을 차등 지급하며, 한국어능력시험의 급수가 향상되면 소정의 장학금을 지급한다. 이처럼 한국어 시험이 장학과 관련된 여러 종류의 의사 결정에 관여한다.

마지막으로 기업 단위에서도 한국어 시험은 여러 종류의 의사 결정에 관여한다. 우선 (1) 고용허가제(E-9), 우수 사설 교육기관 외국인 연수(D-4-6) 등과 같은 취업 비자의 발급에 관여한다. 고용허가제 자격을 얻기 위해서는 산업인력관리공단에서 시행하는 고용허가제 한국어능력시험(EPS-TOPIK)에 응시해 합격해야 하고, 우수 사설 교육기관 외국인 연수 등과 같은 취업 자격을 취득하려면 국립국제교육원에서 시행하는 한국어능력시험에서 2급 이상의 성적을 증명해야 한다. (2) 또한 국내 대기업 및 중소기업의 인사 담당자들도 입사 전단계에서 외국인 유학생 등과 같은 외국인 채용을 위해 국립국제교육원의 한국어능력시험 등과 같은 한국어 시험 성적을 참조한다. 그리고 입사 후에도 외국인 직원에게 국내 연수 기회를 부여하거나 승진, 연봉 협상 등의 인사고과를 위해 한국어 시험 성적을 참조하게 된다. (3) 마지막으로 중앙 및 지방 정부의 다문화 공무원 채용 시, 그리고 초등학교의 방과후 수업이나 지역아동센터, 어린이집 등에서 결혼이민자 이중언어 강사를 채용할 때도 주로 국립국제교육원의 한국어능력시험을 통해 일정 수준 이상의 한국어 능력을 증명하도록 한다.

2) 언어정책과 언어시험

이러한 의사 결정 도구로서 언어시험, 즉 언어시험정책(language testing policy)에는 시험의 사용에 관한 의사 결정자의 목표, 목적, 기대, 의도가 담겨 있다. 사회적, 정치적 가치와 태도가 언어시험을 통한 정책의 실행, 즉 의사결정 도구로서 언어시험의 사용을 결정한다(Shohamy 2010; McNamara & Roever 2006/2013). 그러나 쇼하미(Shohamy 2010)의 주장처럼 공적 문서를 통해 대중에게 알려진 명백한 의도건 다른 정보를 통해 추측하고 추론해야만 하는 은밀한 의도건 간에 의사 결정 도구로서 언어시험에서는 얼마든지 그러한 의도와 무관한 효과가 발생할 수 있다. 저부담이든 고부담이든 교육적, 사회적 상황에서 의사 결정력을 갖는 언어시험은 다양한 이해당사자 집단(예: 시험 개발자, 의사 결정자, 수험자, 학생, 교사, 고용주, 직장 동료뿐 아니라 프로그램, 제도, 기관, 사회 구조 등)에 직간접적인 영향력을 행사하기 때문이다. 특히 쇼하미(2007, 2008)는 언어시험이 실제적인 언어정책(de facto language policy)으로서 교육적, 사회적 상황에서의 언어 사용(language use)에까지 관여하므로, 언어시험을 언어정책으로 보아야 한다고 주장했다. 쇼하미(2006, 2007)는 언어실천, 즉 실제적인 언어정책에 관한 언어시험의 영향력을 다음과 같이 분류했다.

첫째, 언어시험은 한 사회 내에서 특정 언어 간의 위계를 설정함으로써 실제적인 언어정책에 영향력을 행사한다(Shohamy 2006, p.95). 이와 관련해 자주 참조되는 사례 중의 하나가 2001년도에 미국 정부가 제정한 낙오아동방지법(No Child Left Behind: NCLB)이다 (Shohamy 2006, 2007, 2008; McNamara & Roever 2006/2013). 주 정부가 학업 기준을 명확하게 세우고, 주 단위의 표준화 시험을 통해 학업 성취 수준을 확인하며, 시험의 결과를 공개하고, 그러한 기준에 못 미치는 학교에 대해 제재를 가하도록 하는 이 법안은 물론 교육 시스템 전반에 영향을 미쳤다. 쇼하미는 특히 ESL(English as Second Language)과 외국어 교육에 관한 영향력을 주목했다. 영어라는 특정 언어로만 치러지는 표준화 시험이 학생, 교사, 학교에 대한 고부담 의사 결정에 관여함에 따라 ESL 학습자가 많은 학교에서는 영어 독해 및 수학 시수가 증가했지만, 전반적으로 외국어 시수가 눈에 띄게 감소했을 뿐 아니라 암묵적으로는 ESL 학습자를 위한 이중 언어 교육을 도외시하는 결과를 가져왔다고 주장했다.

그리고 둘째, 언어시험은 언어적 올바름(correctness)을 규정함으로써 실제적인 언어정책에 영향력을 행사한다(Shohamy 2006, p.96). 대부분의 시험은 특정 지식의 정확성에 대한 척도를 갖고 있는데, 언어시험 역시 그러한 척도에 따라 언어 지식을 규범화한다. 이와 관련해 자주 참조되는 사례 중 하나가 미국의 FSI(Foreign Service Institute), DLI(Defence Language Institute)가 개발한 언어능력 기준이나 유럽언어 공통기준(Common European Framework of Reference: CEFR)이다 (Shohamy 2007, 2008; McNamara & Roever 2006/2013). 이러한 기준은 언어 발달 과정의 선형성에 관한 제2언어 습득의 가정에 기초해 모든 언어학습자가 동일한 유형의 진행 과정을 거친다는 점을 전제한다. 특히 대부분의 유럽 국가에서 유럽언어 공통기준에 기초한 언어시험이 정부, 학교, 기업 단위의 의사 결정에 관여하고 있다. 풀처(Fulcher 2004)는 시간이 지남에 따라 그러한 척도가 불변의 진리가 아니라는 점이 교사나 행정가에 의해 입증되고 있음에도 불구하고, 여전히 그러한 척도가 정책 입안가에 의한 처방으로 선호되고 있다고 주장했다.

언어시험이 특정 언어들 간의 위계를 구분 짓고 언어적 올바름을 규정함으로써 가장 문제가 되는 것은 셋째, 언어시험이 현실 세계의 언어적 다양성에 위배될 뿐 아니라, 지역, 민족, 국가를 초월해 한 개인의 언어 정체성에 영향을 미친다는 점이다(Shohamy 2013). 앞서 살펴본 것처럼 영어로만 치러지는 국가 수준의 학업성취도평가 같은 교육적 상황에서 국가어와 표준어 기반의 단일언어시험이 ESL 학습자와 같은 다문화 학생의 언어 사용에 어떠한 영향력을 행사했는지에 관한 실증적이고 경험적인 연구가 학계에 꾸준히 보고되었다(Menken 2005, 2008). 또 이와 관련해 자주 참조되는 사례는 이주라는 특수한 사회적 상황에서 입국, 체류, 영주, 귀화, 시민권 등과 같은 고부담 의사 결정을 위해 의무적으로 부과되는 언어시험이다. 하나의 언어공동체가 동일한 언어정체성을 공유한다는 신념에 기초해 국가어와 표준어 기반의 단일언어시험이 이러한 의사 결정에 관여하고 있는데, 이러한 시험은 주류 사회의 민족 문화와 언어에 관해서는 우월성을 부여하는 한편 이주민의 토착 문화와 언어를 부정함으로써 현실 세계의 언어적, 문화적 다양성을 저해한다.

특히 정부나 이민국을 비롯해 학교나 기업 등과 같은 권위 기구에 의해 단일언어시험정책이 입안될 때 이주민의 연령, 인종, 모어, 학력, 직업, 소득 등과 같은 다양한 변인이 고려될 수 없다. 실증적이고 경험적인 연구 문헌들을 통해서 이러한 변인들과 목표 언어 학습 간의 상관성이 사실로 입증되고 있음에도 불구하고, 현실 세계와 동떨어진 표준 국가어 기반의 단일언어시험이 권위 기구에 의해 계속적으로 부과된다면, 이러한 정책의 궁극적인 수혜자라고도 할 수 있는 다문화 학생, 이주 노동자, 국제결혼 배우자, 외국인 유학생 등과 같은 이주민의 언어권리를 침해할 여지가 있다.

3) 언어시험의 사회적 단면

20세기 후반 언어평가가 하나의 학제로 제도화하는 과정에서 심리측정학이 이를 위한 기본 토대로 기능했다. 그러나 교육적, 사회적 상황에서 언어시험이 행정관료나 정치가의 통상적인 정책 입안을 통해 해결하기 어려운 정치적 쟁점을 해결하기 위한 정책 도구로 기능함에 따라, 언어시험의 사회적 단면에 대한 논의가 주목되고 있다. 언어평가의 사회적 단면에 대한 논의는 메시크 (Messick 1989)에 의해 촉발되었다. 그는 "측정하고자 하는 것에 대한 개념과 측정에서 우선시하는 것은 본질적으로 사회문화적 가치를 반영하며, 시험은 교육과 사회에 실제 영향을 미치기 때문에 평가에 관련된 사람들이 그러한 영향에 주의를 기울일 필요가 있다"(McNamara & Reover 2006/2013, p.17)고 주장했다. 메시크(1989)는 시험의 심리측정학적, 사회적 단면이 하나의 타당도 이론 속에 합쳐진 것으로 보고 표2와 같은 통합적 타당도 모형을 제안했다.

〈표2〉 Messick(1989)의 통합적 타당도 모형

영역	시험 해석	시험 사용
근거자료 기반	(1) 구인타당도	(2) 구인타당도＋적절성/유용성
결과 기반	(3) 가치 함축성	(4) 사회적 결과

먼저 (1)과 (2)는 신동일, 박수현, 임관혁(2019)의 주장처럼 전통적인 타당도 논점으로 평가의 기술적이고 기능적인 측면을 강조한다. 주로 양적 연구 방법을 활용해 실증적인 자료를 수집하며 구인 기반의 문항 제작이나 채점 활동이 수험자의 언어능력 또는 학업 성취도를 적절하게 추론할 수 있는지에 대한 논의를 포함한다. 반면에 아래의 두 칸은 평가를 둘러싼 사회적 단면을 강조한다. (3)은 '가치 함축성'으로 시험의 구인이 어떠한 사회적, 문화적

가치를 전제하고 있으며 그러한 가치들이 시험 점수의 해석에 어떠한 영향을 끼치는지에 대한 논의를 포함해야 한다. (4)는 '사회적 결과'로 해당 시험을 사용할 때 교육 체제뿐만 아니라 보다 넓은 사회적 상황에서 어떠한 결과가 발생하는지에 대한 논의를 필요로 한다.

메시크(1989)의 통합적 타당도 모형 덕분에 언어평가 분야에도 다음과 같이 시험의 사회적, 정치적 속성에 관심을 갖는 연구 전통이 자리 잡기 시작했다. 언어평가의 사회적 단면에 관한 연구는 다음과 같이 크게 둘로 나눌 수 있다. 하나는 데이비스(Davies 1997a, 1997b), 햄프라이언스(Hamp-Lyons 1997), 린치(Lynch 1997) 등을 주축으로 하는 윤리적 언어평가론(Ethical Language Testing: ELT)이다. 언어시험의 윤리적인 운영과 언어평가자의 책임을 강조하는 윤리적 언어평가론은 책무성(accountability)(Norton 1997), 환류효과(washback effect)(Anderson & Wall 1996), 그리고 시험 영향력(test impact)(Wall 1997)에 대한 논의를 포함한다. 노턴(Norton 1997)은 시험의 개발자뿐만 아니라 어떠한 방식으로든 평가 행위에 관여하는 사람은 평가로부터 직접적인 영향을 받는 사람, 특히 수험자에 대한 책임, 즉 책무성을 가져야 한다고 주장했다.

이러한 문제의식은 추후 언어시험이 교실에서 교수나 학습 행위에 미치는 영향력을 분석하는 환류효과(Anderson & Wall 1996), 그리고 교실을 넘어서서 교실, 사회구조 전반에 미치는 영향력을 분석하는 시험 영향력(test impact)(Wall 1997)에 관한 연구로까지 이어지게 되었다.

그리고 앞서 살펴본 윤리적 언어평가론과 비교해 언어시험의 사회정치적 역할에 대한 급진적 입장을 취하는 비판적 언어평가론(Critical Langauge Testing: CLT)(Shohamy 1998)이 있는데, 소수의 연구 문헌을 통해서 국내에 소개된 바 있다(신동일 2011a, 2011b, 2012; 신동일, 김주연 2012). 비판적 언어평가론은 페니쿡(Pennycook 2001)의 비판적 응용언어학(critical applied linguistics) 하위 분야 중의 하나로 미셸 푸코(Michel Foucault)와 피에르 부르디외(Pierre Bourdieu)의 사회 이론에 기초해 언어평가 활동을 사회적, 교육적, 정치적 맥락과의 연관성 속에서 이해하고자 한다. 비판적 언어평가론의 범위는 다소 불분명한 편이나, 미셸 푸코가 《감시와 처벌》을 통해 훈육적 실천으로서의 평가 행위를 비평한 것과 마찬가지로 정책 입안자, 교장, 교사 등과 같은 권위 주체에 의해 훈육적 실천의 기제로 사용되는 언어시험에 대해 비판적 태도를 취한다. 그리고 이에 대한 해결책으로서 다른 종류의 민주적인 평가 활동, 구체적인 예로 포트폴리오, 프로젝트 작업이나 자가 평가 또는 동료 평가와 같은 대안 평가(alternative assessment)를 제안하기도 한다.

3. 한국어 평가의 사회적 단면 연구 성과

앞서 언급한 바와 같이 이주민 정책도구로서 한국어 시험이 가지는 중요성이 날로 커지면서 한국어 교육학계에서도 최근 들어 한국어 시험의 사회적, 정치적 단면을 의식한 연구 문헌들이 등장하기 시작했다(곽준화 2018; 박성원, 신동일 2015; 박수현 2019, 2020; 박수현, 신동일 2019; 신동일 2019; 신동일, 박수현, 임관혁 2019; 지현숙 2016; 한선화 2019). 여기에서는 한국어 시험의 사회적 단면에 대한 논의를 크게 둘로 나누어 (1) 한국어 시험 수험자의 인식 관련 연구와 (2) 한국어시험정책의 사회정치적 속성 관련 연구를 간략하게 개괄하고자 한다.

1) 한국어 시험 수험자의 인식 관련 연구

곽준화(2018)는 비판적 언어평가론의 관점에서 한국어능력시험의 쓰기 영역에 대한 수험자의 인식과 태도를 분석함으로써 한국어능력시험 쓰기 영역의 타당도 향상에 이바지할 수 있는 개선 방안을 제시하고자 했다. 이를 위해서 먼저 한국어능력시험 응시 경험이 있는 수험자 80명을 대상으로 설문조사를 시행했고 설문조사 결과에 기반해 응답자 중 무작위로 20명을 선발해서 심층 인터뷰를 진행했다. 연구 결과 (1) 수험자들은 쓰기 시험에 대한 어려움과 불안감을 호소하고 있었으며, (2) 수험자들은 언어 기술 중 쓰기 능력의 중요성을 분명하게 인식했음에도 불구하고 준비 과정에서는 '시험 기술'에 초점을 맞춘 쓰기 학습이 이뤄지고 있다고 응답했다.

한선화(2019)도 비판적 언어평가론에 근거해서 한국어능력시험의 시험 준비 및 운영 과정 전반에 대한 수험자의 인식을 조사함으로써 한국어능력시험의 문제점 및 해결 방안을 모색하고자 했다. 이를 위해 시험 응시 경험이 있는 외국인 학습자 98명을 대상으로 설문조사를 시행했다. 단편적 설문조사의 결과로 파악하기 어려운 수험자들의 인식, 경험, 감정을 알아내고자 심층 인터뷰도 진행했다. 분석 결과 (1) 수험자들은 입학, 취업 등 한국어능력시험의 고부담 의사 결정력을 명료하게 인식하고 있으며 이로 인한 심리적인 부담감을 호소하는 것으로 나타났다. 또한 (2) 시험의 구성이 학업이나 업무에서 요구하는 한국어 능력을 적절히 반영하지 못한다고 응답했다. 그리고 (3) 시험 준비, 결과 발표 등 시험 응시의 전 과정에서 제공되는 정보의 부족을 지적했다.

2) 한국어 시험/정책의 정치적 속성 관련 연구

박수현과 신동일(2019)은 국내 언어사회에서 한국어 시험 점수에 근거해 내려지는 고부담 의사 결정의 사례를 탐색하고 각 정책의 의도와 효과를 분석하고자 했다. 특히 이러한 한국어 시험 정책이 어떠한 사회적 결과와 영향력을 발휘하고 있는지를 개괄적으로 살펴보기 위해서 신문 기사, 정부 용역 연구 보고서, 누리집 등을 분석 대상으로 삼았다. 분석 결과 한국어 시험은 귀화, 영주, 체류, 입국, 입학, 취업 등과 같은 고부담 의사 결정 목적으로 널리 활용되며, 그러한 의사 결정에 법무부, 교육부, 고용노동부 등과 같은 국가 권위 기구가 적극적으로 개입하고 있음을 확인했다. 이처럼 국내 언어사회에서 한국어 시험이 이주민에 대한 의사 결정 도구로서 강력한 영향력을 행사하고 있음에도 불구하고 정책의 의도와 기대효과에 대한 공적 논의가 충분히 이루어지지 않음을 지적했다.

여기에서 한발 더 나아가 박성원과 신동일(2015)은 국내 언어사회에서 귀화 시험이 이주민의 한국어 숙달도와 사회문화적 지식을 평가하기 위한 중립적인 도구로 기능하고 있는지 아니면 선발과 통제를 위한 문지기 역할을 강조하는 사회정치적 도구로 기능하고 있는지를 탐색하고자 했다. 이를 위해 정부 정책 문서, 관련 법령뿐 아니라 귀화 시험에 관한 신문 기사, 잡지 등과 같은 대중매체 자료를 연구 대상으로 삼았다. 분석 결과 귀화 시험이 국내 언어사회에서 이주민의 언어적, 사회문화적 지식만을 측정하는 중립적인 평가도구라기보다는 사회통합이라는 미명 아래 적법한 이주민을 선발하고 통제하고 관리하기 위한 사회정치적 도구로 활용되고 있음을 밝혀냈다.

이러한 문제의식을 공유하면서 박수현(2020)은 이주 노동자, 외국인 유학생, 결혼이민자, 국제결혼 가정 자녀 등 국내 이주민 대상의 고부담 의사 결정에 폭넓게 관여하는 한국어능력시험이 국내 언어사회에서 어떠한 담론적 관행으로부터 유도되고, 또 어떠한 담론적 실천을 유도하는지를 살펴보고자 했다. 이를 위해 시험 개발 단계부터 시험 사용 전 단계에서 보도된 신문 기사 텍스트를 대상으로 페어클러프(Fairclough 1989/2011)의 비판적 담론분석(Critical Discourse Analysis: CDA)을 시도했다. 분석 결과 개발 단계에서는 '한국어 세계화' 담론으로 시험 개발의 필요가 정당성을 부여받았고, 사용 단계에서는 부족한 이주민의 한국어 능력이 각종 사회 문제의 원인이라고 보는 '언어 문제' 담화, 그러한 문제 해결과 예방의 기제로 한국어 시험을 부과하는 '시험 처방'이 나타나고 있다고 주장했다.

4. 결론 및 제언

이주민의 귀화, 영주, 체류, 입국 자격 등을 결정할 때 언어시험을 통해 해당 국가의 공식어(표준어) 능력을 증명하도록 하는 정책적 관행은 전 세계에 걸쳐 레짐(regime)으로 굳어져 가고 있다

(Hogan-Brun, Mar-Molinero & Stevenson 2009; Van Avermaet 2009). 앞서 살펴
본 것처럼 국내 언어사회도 이러한 레짐의 영향력에서 벗어나 있
지 않다. 다양한 종류의 한국어 시험들이 정부, 학교, 기업 현장에
서 이주민에 대한 선발, 관리, 인증의 기제로 폭넓게 활용되고 있
기 때문이다. 고부담 의사 결정의 상황에서 시험의 개발과 사용은
바흐만(Bachman 2005)의 주장처럼 항상 "가치 반영적인 사회정치적
맥락(value-laden sociopolitical context)"(p.29)으로부터 발생한다는 점을 간
과해서는 안된다(p.29). 따라서 쇼하미(2007, 2008)의 주장처럼 한국
어 평가 분야에서도 사회정치적 맥락에 대한 이해가 분명히 반영
된 영향력, 윤리, 공정성, 가치, 결과 등에 대한 학술적 논의가 확장
될 수 있도록 노력해야 한다.

　　더 나아가 한국어 평가의 사회정치적 속성에 대한 논의가 향
후 평가도구의 타당화(validation) 연구로까지 확대되어야 한다. 물
론 학계에서도 고부담 의사 결정 도구로서 한국어 시험의 타당
도에 관한 연구가 이루어지고 있다(오승영 2018; 신동일, 박수현, 임관혁
2019; 박수현 2019). 그러나 앞서 박성원과 신동일(2015)이 주장한 것
처럼 이주라는 특수한 상황 속에서 언어시험은 시험 개발자, 의사
결정자의 의도와 무관하게 오용될 수 있음을 간과하지 말아야 한
다. '시험의 오용(test misuse)' 역시 칼센과 로카(Calsen & Rocca 2021)가
주장한 것처럼 시험의 타당도나 타당화 논의 내부에서도 다뤄질
필요가 있다. 이 과정에서 향후 오설리번과 위어(O'sullivan & Weir

2011), 오설리번(O'sullivan 2016) 등이 제안한 타당화의 '사회-인지적 모형(socio-cognitive model)이나 신동일(2019)이 제안한 담론분석 방법을 접목한 타당화 연구 모형을 한국어 시험에 기반해 내려지는 고부담 의사 결정 상황에 적용해 볼 수 있을 것이다.

참고문헌

강수정(2017), 〈한국어 평가연구의 역사적 고찰〉,《언어와 정보사회》31, 5-63쪽.

곽준화(2018), 〈TOPIK 수험자의 쓰기 영역에 대한 인식과 태도 연구〉,《사회언어학》 26(1), 1-21쪽.

김은실, 강승혜(2019), 〈한국어교육 평가 관련 연구동향 분석: 동시출현단어 분석을 중심 으로〉,《한국어교육》30(3), 1-20쪽.

박성원, 신동일(2015), 〈언어시험의 사회정치적 역할 연구: 한국이민귀화적격시험(KINAT) 에 관한 대중매체 자료를 기반으로〉,《다문화교육연구》8(1), 49-75쪽.

박수현(2019), 〈한국어능력시험의 학문 목적 사용에 대한 타당화: 평가사용논증 모형을 중 심으로〉,《한국어교육》30(3), 21-49쪽.

박수현(2020), 〈한국어능력시험의 사회적 단면에 관한 연구: 비판적 담론분석과 평가사용 논증을 중심으로〉, 중앙대학교대학원 박사학위논문.

박수현, 신동일(2019), 〈이주민 대상 정책도구로 사용되는 한국어 시험: 시험 사용의 의도 와 효과〉,《한국어 교육》30(2), 55-84쪽.

송향근(2009), 〈한국어 교육의 평가 연구 고찰〉,《이중언어학》41, 209-227쪽.

신동일(2011a), 〈언어시험 개발과 사용의 철학적 고찰: 개인주의와 민주주의 가치 중심으 로〉,《응용언어학》27(2), 27-51쪽.

신동일(2011b), 〈푸코 이론을 기반으로 한 영어시험의 권력담론 탐색〉, *Foreign Languages Education*, 18(2), pp. 233-256.

신동일, 김주연(2012), 〈토익 수험자의 인식연구: 비판적언어평가론 관점에서〉,《영어영문 학》21, 25(2), 125-157쪽.

신동일(2019), 〈비판적 담론분석방법을 활용한 타당화 연구의 이해: 이주민 대상 언어시험의 맥락에서〉, 《외국어교육》 26(3), 53-79쪽.

신동일, 박수현, 임관혁(2019), 〈논증 기반의 언어평가 타당화 연구의 이해: 고부담 의사 결정의 맥락에서〉, 《이중언어학》 74, 309-355쪽.

오승영(2018), 〈이주민 대상 한국어 시험의 맥락 타당도 연구〉, 배재대학교대학원 박사학위 논문.

장은아(2011), 〈한국어교육 평가 연구〉, 《이중언어학》 47, 351-382쪽.

지현숙(2016), 〈한국어능력시험에 관한 신문과 수험자의 담론분석〉, 《국어교육연구》 38, 193-221쪽.

한선화(2019), 〈한국어능력시험(TOPIK)에 대한 수험자의 인식 연구〉, 《사회언어학》 27(1), 227-248쪽.

Anderson, J.C. & Wall, D.(1996), "Washback(Special issues)," *Language Testing*, 13.

Bachman, L.F.(2005), "Building and supporting a case for test use," *Language Assessment(Quarterly)*, 2(1), pp.1-34.

Calsen, H.C. & Rocca, L.(2021), "Language test misuse," *Language Assessment Quarterly*. DOI: 10.1080/15434303.2021.1947288.

Davies, A.(1997a), "Demands of being professional in language testing," *Language Testing*, 14, pp.328-339.

Davies, A.(1997b), "Introduction: The limits of ethics in language testing," *Language Testing*, 14, pp.235-241.

Fairclough, N.(2011), 《언어와 권력》(김지홍 역), 서울: 도서출판 경진(원전은 1989년에 출판).

Hamp-Lyons, L.(1997), "Ethics in language testing," In C.M. Clapham & D. Corson(Eds.). *Language testing and assessment: Vol. 7. Encyclopaedia of language and education*, Dordrecht, The Netherlands: Kluwer Academic, pp.323-333.

Hogan-Brun, G., Mar-Molinero, C. & Stevenson, P.(2009), "Testing regimes: Introducing cross national perspectives on language, migration and citizenship," In G. Hogan-Brun, C. Mar-Molinero & P. Stevenson(Eds.), *Discourses on language and integration*, Amsterdam: John Benjamins Publishing Company, pp.1-14.

Lynch, B.K.(1997), "In serach of the ethical langauge test," *Language Testing*, 14, pp.315-327.

McNamara, T. & Roever, C.(2013), 《언어평가: 사회적 단면》(신동일, 임관혁, 박윤규, 박진아, 김나희, 김종국, 장소영 역), 서울: 한국문화사(원전은 2006년에 출판).

Messick, S.(1989), "Validity," In R.L. Linn(Ed.), *Educational measurement*, New York: Macmillan, pp.13-103.

Menken, K.(2008), *English Learners Left Behind*, Clevedon: Multilingual Matters.

Norton, B.(1997), "Accountability in language assessment," In C.M. Clapham & D. Corson(Eds.), *Language testing and assessment: Vol. 7. Encyclopedia of Language and Education*, Dordrecht, The Netherlands: Kluwer Academic, pp.313-322.

O'Sullivan, B.(2016), "Adapting tests to the local context," In New directions in language assessment, special edition of the *JASELE Journal*, Tokyo, Japan: Japan Society of English Language Education & the British Council, pp.145-158.

O'Sullivan, B. & Weir, C.(2011), "Language testing and validation," In B. O'Sullivan(Ed.), *Language testing theories and practices*, New York, USA: Palgrave Macmillan, pp.13-32.

Pennycook, A.(2001), *Critical applied linguistics: A critical introduction*, Mahwah, NJ: Lawrence Erlbaum Association, Inc.

Shohamy, E.(1998), "Critical language testing and beyond," *Studies in Educational Evaluation*, 24, pp.331-345.

Shohamy, E.(2006), *Language policy: hidden agendas and new approaches*, Lodon: Rotledge.

Shohamy, E.(2007), "Language tests as language policy tools," *Assessment in Education: Principles, Policy & Practice*, 14(1), pp.117-130.

Shohamy, E.(2008), "Language policy and language assessment: the relationship," *Current Issues in Language Planning*, 9(3), pp.363-373.

Shohamy, E.(2010), *The power of test*, 《시험의 권력》(신동일, 박윤규 역), 서울: 아카데미프레스(원전은 2000년 출판).

Shohamy, E.(2013), "The discourse of language testing as a tool for shaping national, global, and transnational identities," *Language and Intercultural Communication*, 13(2), pp.225-236.

Van Avermaet(2009), "Fortress Europe? language policy regimes for immigration and citizenship," In G. Hogan-Brun, C, Mar-Molinero & P. Stevenson (Eds.), *Discourse on language and integration: Critical perspective on language testing regimes in Europe,* Amsterdam: John Benjamins, pp.83-107.

Wall, D.(1997), "Impact and washback in language testing," In C.M. Clapham & D. Corson(Eds.), *Language Testing and Assessment: Vol. 7. Encyclopedia of Language and Education,* Dordrecht, The Netherlands: Kluwer Academic, pp.291-302.

콩글리시는 바로잡아야 하는가

신견식(작가/번역가)

1. 콩글리시란 무엇인가?

콩글리시는 보통은 바람직하지 못한 현상으로 여겨진다. 언어는 이상적인 모습으로 고전 작품이나 사전 안에 그대로 간직된 닫힌 시스템이 아니다. 하지만 대부분의 사람들은 언어라는 숲속에서 소통을 할 뿐이지 숲을 이루는 나무를 살펴보거나 밖에서 숲을 들여다보지는 않으므로, 하나의 정돈된 모습부터 떠올릴 때가 많다. 우리가 외국어를 배울 때도 마찬가지다. 현지에서 몸소 그 언어를 접하지 않는 한 우리가 배우는 외국어는 대개 교과서 안에 잘 정리되어 있는 언어인 경우가 많다. 콩글리시는 바로 이런 정돈되지 않은 난잡한 언어 형태의 대표격이다.

시대에 따라 영향력을 행사한 언어들은 대개 일정 지역에 국한되었다. 동아시아의 중국어(한문), 일본어, 남아시아의 산스크리트어, 팔리어, 서아시아와 중동의 페르시아어, 아랍어, 터키어, 유럽의 그리스어, 라틴어, 프랑스어, 독일어, 구소련의 러시아어, 중남미의 스페인어가 모두 그렇다. 그런데 유례없이 영어는 20세기 이래 거의 모든 언어에 크든 작든 영향을 미치고 있다. 세계 공통어로서 영어에 맞먹는 언어도 없다. 이런 영어의 위상 탓인지 콩글리시는 천덕꾸러기 신세를 못 면하고 있는 듯하다.

콩글리시는 크게 두 가지를 가리킨다. 첫째는 한국 사람이 외국어로 구사하여 원어민의 발음, 문법, 어휘 규범에서 벗어난 영어, 둘째는 한국어에 들어온 차용어로서 영어의 본뜻이나 본꼴과 달라진 어휘를 일컫는다. 표준국어대사전에는 한국식으로 잘못 발음하거나 비문법적으로 사용하는 영어를 속되게 이르는 말로 나오는데, 외래어가 아닌 외국어로서의 영어만 정의한 것이다.

외국어로서의 콩글리시는 한국인이 쓰는 잘못된 영어일 테고 외래어로서의 콩글리시는 영어에도 안 맞으며 한국어에도 안 맞는 이른바 '국적 불명'의 말들이다. 여기서는 주로 외래어로서의 콩글리시를 다루겠지만, 외국어로서의 콩글리시도 조금 짚고 넘어가겠다.

세계적으로 문화적 다양성의 의미가 커지면서 이제 꼭 하나만의 표준어에 매달리기보다는 사투리나 변종 등 한 언어가 가진 여러 양상도 이전보다 더욱 주목을 받게 됐다. 특히 영어는 이제 세계인의 공통어(lingua franca)가 됐기 때문에, 마치 옛날의 라틴어가 그랬듯이 일정한 기준은 있더라도 많은 변이형을 받아들이는 분위기로 옮겨 가고 있다. 꼭 영국 영어가 멋있는 것도 아니고 호주 영어가 촌스러운 것도 아니다. 실은 영국 영어도 그 안에 여러 사투리나 변종이 있다. 필리핀이나 싱가포르 사람들은 대부분 영어를 제1언어가 아닌 제2언어로 구사하지만, 그들의 영어는 틀린 것이 아니고 다를 뿐이다. 물론 한국인에게 영어는 싱가포르나 필리핀과도 달리 나라 안에서 통용되는 언어가 아닌 외국어이니 사정은 또 다를 것이다. 그렇다 하더라도 이제 그전처럼 단순히 '본토 원어민' 영어를 따라하기에 급급하기보다는 세계인의 의사소통 수단인 영어를 어떤 식으로 익히고 써먹을지 궁리해 보는 한국인도 늘었다. 월드 잉글리시(World Englishes)의 발현은 다문화 이념 덕도 있겠으나 실제적인 필요성 때문이기도 하다. 언어적, 문화적 배경이 서로 다른 수많은 사람이 쓰는 영어를 하나의 틀에 가두기란 어렵다.

다만 한국어 안에서 영어가 누리는 특권은 그 이름에서도 잘 드러나듯이 쉽사리 사그라지지는 않을 것이다. 수능 제2외국어 과목인 독일어, 프랑스어, 중국어, 일본어, 러시아어, 스페인어 및 최근 추가된 아랍어와 베트남어 가운데 한국과 좀 더 관계가 깊은 언어들은 독어, 불어, 중어, 일어, 노어와 같이 국어사전에 두 음절

이름도 등재되어 있다. 오로지 영어만 영국어나 미국어도 아닌 딱 두 음절의 그 명칭뿐이다.

한국어는 20세기 들어 본격적으로 문자언어로서의 기틀을 잡아야 했기에 문법과 어휘가 정리된 표준어에 큰 방점을 두었다. 그래서 일본어를 비롯한 외래어 요소를 의도적으로 몰아냈음에도 불구하고 당연히 완벽할 수 없었다. 절반의 성공을 거두었다고 할 수 있다. 최근 들어서 일반 언중이 의도적인 언어 순화에 종종 반감을 보이는 것은 반드시 한국어가 싫고 영어를 비롯한 외래어가 좋아서만은 아니다. 한국어가 이제는 외래어 요소가 많다고 해서 망가질 만큼 허약한 언어가 아니라는 생각이 널리 퍼져서라고도 볼 수 있다. 언어의 변화는 매우 자연스러운 현상이지만, 그걸 인식하는 누군가에게는 눈살이 찌푸려지는 일일 수도 있다. 틀린 문법이나 어법, 낯선 외래어나 신조어도 표준어의 압력을 견디면 어느 순간에 널리 퍼진다. 표준어와 비표준어는 태초부터 정해진 것이 아니다. 둘의 사이는 긴장을 유지하며 서로 보완하는 관계이기도 하다. 표준어는 비표준어로부터 활력을 얻고 비표준어는 표준어로 다듬어진다. 표준어가 필요한 상황이 있고 사투리나 속어가 필요한 상황도 있다. 콩글리시는 단순히 잘못된 외래어가 아니라 한국어 어휘에서 한자리를 차지한다. 영어 apartment와 supermarket의 축약형 '아파트'와 '슈퍼'는 콩글리시지만 이제 표준어다.

과거의 라틴어나 한문, 현대의 영어를 비롯해 역사상 세계 문명을 주도한 여러 언어와 견주어 한국어가 별 볼 일 없다고 여겨질 수도 있다. 하지만 모어 사용자가 7,500만 명 남짓해, 지구상의 수천 개 언어 중 순위로 열다섯 번째쯤 된다. 또한 출판과 언론에서 활발히 쓰이는 매우 규모가 큰 언어다. 한국어는 알타이어족에 속한다고도 하나 아직 가설일 뿐이다. 사실상 어느 어족에도 끼지 않는다. 이런 고립적인 성격도 있고 한글이라는 문자의 역사가 뚜렷하다 보니 우리말이 매우 독창적이라며 자부심을 느끼는 한국인이 많다. 자연스레 지나친 외래어 사용에 거부감을 드러낸다. 다른 한편 많은 한국인이 영어 앞에서 작아지고 영어를 굴레처럼 느낀다.

그런데 이는 한국만의 특징은 아니다. 어느 언어든 외래 요소와 적당한 긴장 관계를 유지하며, 위세를 지닌 외국어를 배울 때는 그 언어에 신경을 쓰기 마련이다. 콩글리시는 이런 복합적인 맥락 속에서 살펴봐야겠다. 콩글리시 자체는 한국만의 특성이지만, 언어 접촉의 산물은 세계 어느 곳에서도 비슷하게 볼 수 있다.

2. 문화의 매개가 되는 언어들

한국은 고대부터 일본에 많은 문물을 전해 줬다. 그게 역전된 것은 일본이 근대 이후 본격적으로 서구 문물을 수용하면서부터

다. 한국은 주로 일본을 매개로 하여 서양 문화를 받아들였다. 그런 까닭에 한국어 안에 일본어 한자어 요소는 물론 일제 영어의 요소가 들어 있는 것은 매우 자연스럽다. 한국이 일제에서 해방되며 국가정체성을 형성할 때는 방어적으로 일본어의 요소를 몰아내는 것이 필요할 수 있었다. 이런 것은 동유럽 여러 나라의 언어에서 독일어 요소를 부분적으로 몰아낸 것과도 비슷하다. 그 같은 시도는 완전히 성공을 거두지는 못했다.

세계 여러 나라의 문화를 매개하는 언어들은 어쩔 수 없이 대개는 제국의 언어이다. 한국어도 그렇게 돼야 한다는 뜻은 아니다. 언어는 저마다 개성이 있기에 내재적으로 훌륭한 언어가 따로 있지는 않다. 그 언어가 담는 문화, 지식, 사상이 얼마나 다른 언어와 상호 교류되느냐에 따라 멋진 언어가 될 터이니, 꼭 누구의 소유권을 주장할 필요도 없이 인류 공동의 문화유산으로 삼으면 된다. 한국어도 그런 자질을 갖추고 있으나, 인류 문화에 이바지하려면 아직은 좀 더 발전이 필요하다.

영어야 말할 것도 없지만 독일어와 프랑스어 역시 지식 원천 및 생산 언어로서의 역할은 아직 크다. 학술어로서 또는 출판언어로서 근대에 자리를 굳힌 서양 언어들의 위치를 아직 뛰어넘기가 힘들다는 소리다. 게다가 저들끼리 상호작용의 역사도 길다.

아직 딴 곳은 이런 문화권이 없다. 중근동의 아랍어, 페르시아어, 터키어 등이 유럽에 문화적 주도권을 넘기지 않았다면, 그 안에서 더욱 풍성해졌을 것이다. 이를테면 동남아시아의 지식도 중요하지만 아직 세계의 지식이 된 것은 많지 않다. 그래서 동남아시아 언어는 한국뿐만 아니라 세계 어디서도 번역이 많이 되지 않는다.

21세기 들어 한국은 한류를 통해 언어적·문화적 영향력을 행사하는 나라가 되었다. 비록 그 수가 매우 적기는 해도 옥스퍼드 영어사전(OED)에 수록된 한국어 차용어는 주로 21세기에 수입됐다. 아직은 대부분 한국 문화나 역사와 관련된 말들이다. 한국어 차용어로 나오지는 않지만, 한국적 개념이라고 설명되는 눈에 띄는 말에 webtoon(웹툰)이 있다. 영어 web과 cartoon의 toon을 더해 한국적 인터넷 만화 포맷을 일컫는 콩글리시 합성어로, 영어권에서 완전히 정착되지는 않았다. 고전 그리스어나 한문 어근으로 다른 언어에서 만들어진 말이 다시 현대 그리스어, 중국어에 들어간 것과 비슷하다. 단적인 사례이겠지만 한국어도 이처럼 외래 요소를 결합한 새 말을 만들어 다시 외국어에 전해 줄 수 있다. 한국에서 새 지식이 만들어진다면 한국어가 새로운 시대에 새롭게 앞장설 수도 있을 것이다.

한류는 영어 단어가 한국어를 통해 딴 언어들로 퍼지는 계기가 되기도 한다. 영어 encore는 일본어 アンコール(ankoru)를 거쳐 다시 한국어 '앙코르(표준어)' 또는 '앵콜(비표준어)' 따위로 들어왔다. 이 말은 일제시대부터 쓰였다. 중국어도 앙코르를 安可(ānkě)라 한

다. 하지만 2000년대에 나온 중국어 사전들을 보면 그 말이 없다. 태국어 **อังกอร์**(angko) 역시 주요 태국어 사전에 안 나온다. 두 언어에서 '앙코르'에 해당하는 말은 모두 위키피디아에 나온다. 2000년대 이후 용법으로 보이고, 상당수는 케이팝과 관련된 맥락에서 나온다.

일본 대중문화의 영향일 수도 있다. 하지만 한류가 급격히 퍼진 90년대 후반부터 '앙코르'가 더 널리 통용되는 것으로 볼 때, 한국어의 영향일 가능성이 좀 더 높다. 2000년대 이후 주로 쓰이기 시작했고, 영어나 일본어보다는 한국어에서 많이 쓰는 '앙코르 콘서트' 같은 용법이 중국어나 태국어에서 쓰이므로, 직접적 영향은 한국어로 짐작된다. 실은 이 말의 어원인 프랑스어 encore는 여전히(still), 또다시(again)라는 뜻의 부사이고, '앙코르'에 해당하는 프랑스어는 bis다. 프랑스어 단어가 영어에서 뜻이 변해 한국어를 통해 중국어나 태국어로도 들어간 것이다.

한국어 고급 어휘는 한자어 비중이 워낙 높아, 고유어 중심의 언어순화 측면에서 꽤 특이하다. 요란한 정도에 비해 전반적으로 실패했기에 특이하다는 소리다. '실패'는 부정적인 느낌이지만 실패가 늘 나쁜 건 아니다. '실패는 성공의 어머니'라서 긍정적인 것이 아니고, 한 단면의 실패가 모든 것의 실패를 수반하지는 않기에 복합적으로 봐야 한다. 언어순화의 실패도 마찬가지다. 언어순화는 그 자체로 좋을 수도 나쁠 수도 있다. 언제나 너무 깨끗하고 맑기만 하다고 좋은 게 아니다. 그때그때 맞는 게 있다. 너무 맑은 물에선 고기가 놀지 않는다는 속담은 언어에도 적용된다. 콩글리시도 이와 비슷할 수 있다. 억지로 없앤다고 해서 호락호락 없어지지는 않을 것이다. 한국식 한자어가 있듯이 한국식 영어인 콩글리시가 있다고 받아들이는 것이 오히려 언어의 발전에 도움이 될지 모른다.

3. 언어들의 만남과 헤어짐

유라시아 동쪽 끄트머리에 자리한 한국은 지리적 특성 탓에 주요 접촉 언어가 그리 많지는 않다. 역사시대 이후 거의 끊임없이 중국어(한문)의 영향을 받았고, 근현대 들어서는 일본어와 영어의 영향이 가장 두드러진다. 여러 민족이 교차하던 지역의 언어들과는 차이가 있으나, 한국어도 고립돼 있기만 했던 것은 아니다. 고대 메소포타미아에서 수메르어, 아카드어, 아람어로 이어지는 영향 관계에서 드러나듯이 언어 접촉의 역사는 길다. 이렇게 기록을 남기지 못한 언어들도 서로 만나면 영향을 주고받았다. 그리스어 어휘의 상당 부분도 선주민족 언어에서 유래했기 때문에, 인도유럽어로 거슬러 올라가지 않는다.

한국어도 유사 이래 단일 언어로 존재한 것이 아니다. 한반

도에 살던 수많은 종족의 방언이라든가 계통적 관련이 있는 언어들이 알게 모르게 뒤섞였을 것이다. 우리가 고유어라고 생각하는 많은 어휘 안에는 알고 보니 어원이 중국어인 것도 있으며, 다른 인접 언어가 어원인 경우도 많다. 일찍이 독일의 언어학자 후고 슈하르트(Hugo Schuchardt)가 설파했듯이 혼합을 겪지 않은 언어는 없다. 전혀 섞이지 않은 순수한 언어란 없다(Es gibt keine völlig ungemischte Sprache).

언어 접촉은 대개 이런저런 혼합으로 이어진다. 하지만 콜롬비아 동남부 브라질 접경 아마존 부족들은 서로 다른 언어를 구사함에도 불구하고 특별한 경우 말고는 자기 언어에 절대로 타부족 언어를 섞지 않기에 매우 특이하다. 인구가 적은 언어 공동체일수록 이런 경향이 두드러진다. 아이슬란드어도 외래어가 없기로 유명하다. 웬만하면 고유어의 요소를 결합해 말을 만들어낸다. 한국어가 참고할 면도 물론 있지만, 과연 얼마나 아마존 부족들이나 아이슬란드를 모범으로 삼을 수 있을까? 독일어도 낭만주의 시대에 잠시 언어순화에 공을 들여 성과를 거뒀으나 당연히 차용어도 많다.

케말 파샤의 서구적 근대화 때문에 터키어도 아랍어나 페르시아어 요소를 많이 갈아치웠으나 성과는 제한적일 수밖에 없다. 언어순화는 어느 한 시대에 집중적인 노력으로 빛을 볼 수는 있으나, 다른 언어를 영원히 등지지 않는 한 꾸준히 지속되기는 어렵다. 효율성으로만 따져도 외래 요소를 무조건 내치기보다는 받아들여 녹이는 쪽이 낫다. 어떤 면에서는 오스만 투르크 제국이 무너지면서 입지가 좁아진 터키어가 아랍어와 페르시아어에 대한 포용성이 떨어졌다고 볼 수도 있다.

제2차 세계대전이 끝날 때까지 한동안 일본 식민지였던 남태평양 섬들의 몇몇 언어에는 일본어 및 일제 영어 낱말이 꽤 많이 남아 있어, 한국어의 외래어와 비슷한 것도 적지 않다. 예컨대 팔라우어 donats, ranninggu, siats는 도나쓰(도넛), 난닝구(러닝셔츠), 샤쓰(셔츠)를 뜻한다. 이 밖에도 otobai(auto+bicycle) 등 일제 영어가 꽤 많다.

일제 영어(和製英語, wasei-eigo)는 콩글리시에서 적지 않은 부분을 차지한다. 일본 식민지였던 대만도 그런 어휘가 남아 オートバイ(ōtobai)의 차용어가 있으나, 이제는 표준어 摩托車(mótuōchē)를 많이 쓴다. 한국은 아직 일상어로 '오토바이'를 많이 쓴다. 1989년 7월 26일자 《경향신문》에도 '바이크족'이 언급되는데, 오토바이 전문잡지 《모터바이크》가 창간된 1998년 이래 2000년대 들어 인터넷 동호회 문화의 확산과 맞물려 특히 오토바이 동호회원을 중심으로 '바이크'가 점점 더 널리 퍼지는 추세다. '오토바이'의 촌스러운 느낌과 일제 영어에 대한 거부감 탓일 것이다. 공교롭게도 이제 일본어는 バイク(baiku)를 더 많이 쓰는 편이다. 영어 bike는 자전거와 오토바이 두 가지 뜻이 다 있는데, 한국과 일본에서는 오

토바이만 일컫는다. 국어사전에는 오토바이와 모터사이클만 있고, 아직 바이크는 없다. 모터바이크는 원동기장치 자전거를 뜻한다.

언어 정책상 한국에서 일제 영어의 흔적을 없앨 때는 의미보다는 발음에 치중하는 편이다. 아직 비표준어인 '바이크'가 언어 정책과는 무관하게 '오토바이'보다 점점 더 많이 쓰이리라고 예상되지만, 어쨌든 여전히 표준어는 '오토바이'다. 팔라우어를 비롯하여 사용 인구가 매우 적은 언어를 가진 남태평양 나라들과 세계에서 언어 인구로 열 손가락 안에 들락 말락 하는 한국어가 공용어인 한국을 언어 정책 면에서 견주면 좀 경우에 맞지 않을 것이다. 하지만 어쨌든 이들 남태평양 언어에서는 일제 영어를 딱히 본토 영어에 가깝게 하려는 노력은 없다. 그런데 한국에서는 일제 영어를 '본토' 영어에 조금이라도 더 가깝게 적으려 한다.

셔츠는 '샤쓰'로 많이 발음했지만, 요새는 '셔츠'가 거의 정착된 듯하다. 외래어 표기법에서 일본어 [tsu]는 '쓰'로, 영어 및 독일어를 비롯한 여러 언어의 [ts]는 '츠'로 적는다. 일제 영어의 발음도 영어 기준으로 표기하게 되었다. 그런데 '셔츠'가 영어에만 바탕을 뒀다고 보면 단수 shirt가 아닌 복수 shirts인 셈인데, 윗도리 한 벌은 영어로 그냥 shirt일 뿐이다. 따라서 러닝셔츠, 와이셔츠의 명칭뿐 아니라 '셔츠'라는 표기도 원래는 '본토' 영어에서 벗어난다. 예전에 어떤 텔레비전 쇼에서 누가 〈노란 샤쓰의 사나이〉를 불렀는데, 어이없게도 자막에 샤쓰 대신 셔츠라고 나왔다. 노래 제목은 고유명사인 것은 물론이려니와 '샤쓰'도 엄연한 표준말로 사전에 올라와 있다. 이런 사실도 모른 채 애먼 데서 오지랖 넓은 꼴을 보여 실소가 안 나올 수 없었다.

딴 언어에서 영어를 받아들일 때 복수형이 되는 경우가 왕왕 있다. 예컨대 '코크스'의 뿌리는 영어 coke지만, 독일어 Koks를 거쳐 모든 게르만어, 슬라브어, 발트어, 우랄어, 투르크어(터키어 제외), 루마니아어(로망스어 중 유일), 히브리어, 알바니아어, 몽골어 그리고 일본어, 한국어 등은 이 꼴을 쓴다. '코크스'처럼 매우 넓게 퍼진 말도 있고, rail에 해당하는 스웨덴어 räls 및 러시아어 рельс(rel's)처럼 좀 더 제한적으로 퍼진 말도 있다. 20세기 초반 이전에 영어를 외래어로 수용한 언어에서 영어의 형태론이 제대로 파악되지 않은 상태였기에 원어와 다르게 복수 꼴이 생겼다.

일본어가 영어 어말 ㅡ를 〔tsu〕로 받아들인 것을 복수 형태 -ts의 수용으로만 보기는 어렵다. 일본어는 음절이 모음으로 끝나므로 음절이 자음으로 끝나는 외래어는 대개 ㅡu를 붙이는 반면 t의 경우는 ㅡo를 붙이는데 일본어에서 u행의 t는 〔tu〕가 아니라 〔tsu〕이기에 〔to〕가 원어에 더 가까울 수 있다. 그렇다고 해서 꼭 일관성이 있었던 것은 아니다. 예컨대 양동이를 뜻하는 バケツ(baketsu)는 '스포츠'나 '부츠'처럼 집합적으로 부를 일도 딱히 없고 개수를 세기에도 쉬운 말이라서, 복수형 buckets의 차용어가 아닐 것이다. 영어 cutlet을 カツレツ(katsuretsu)로 차용했듯이, 복수형이라기보다

는 초기에 들어온 영어 낱말 -t에 -to보다는 -tsu를 할당했다고 보인다.

그렇다면 굳이 '원래의 올바른' 영어에서도 벗어나는 낱말의 발음 내지 표기만 '본토' 영어에 가깝게 하려는 노력은 어떻게 봐야 할까? 어떤 측면에서는 좀 우스꽝스러워 보이기도 하지만, 좋든 싫든 바로 이런 것도 일본어의 잔재를 지우고 싶은 한국인의 마음이 반영된 한국어의 사회언어학적 특징이다. 어차피 언어란 언어 공동체의 명시적 및 묵시적 합의로 계속 변한다. 콤플렉스나 상처가 사라져 굳이 애써 지우지 않더라도 별다른 거리낌이 없는 때가 오기를 바라 마지않는다.

4. 콩글리시인가 아닌가?

한국어 안에서 외래어의 수용은 크게 두 가지의 흐름이 존재한다. 영어 지식을 갖춘 사람이 더욱 늘면서 딴 언어에서 유래한 외래어나 콩글리시가 영어에 가깝게 바뀌기도 한다. 예컨대 독일어 Allergie를 어원으로 하는 '알레르기'는 아직 표준어의 지위를 갖고 있지만, 적어도 입말에서는 영어 allergy의 영향으로 '알러지'나 '앨러지'라고 말하는 이가 점점 늘고 있다. 한국에서는 '셀프 카메라'의 준말인 콩글리시 '셀카'가 먼저 쓰였는데, 이제 이와 더불

어 영어권에서 쓰는 selfie의 차용어 '셀피'가 공존한다. 농구 골대 바구니의 테두리를 흔히들 '링'이라고 부른다. 이에 대해서는 영어 rim(테두리, 가장자리)을 ring(고리)과 헷갈려서 그리 된 것이니, 바른 말 '림'을 쓰자는 주장이 있다. 하지만 사실 영어에서도 rim과 더불어 hoop(테, 고리, 굴렁쇠)도 쓰기 때문에, 콩글리시 '링' 자체가 영어에서 크게 벗어나지는 않는다. ring(독일어, 네덜란드어, 스웨덴어, 덴마크어, 노르웨이어), hringur(아이슬란드어) 등 영어 외의 모든 게르만어, rengas(핀란드어), rõngas(에스토니아어) 등 우랄어의 고대 게르만어 차용어, リング(ringgu)(일본어) 및 인도네시아어 ring 등 영어 또는 네덜란드어 차용어의 경우에서 보이듯이, '링'과 어원이 같은 낱말은 여러 언어에서 잘 쓰이고 있다.

다른 한편으로 한국식 한자어가 생기듯 콩글리시도 꾸준히 늘고 있다. 영어 wannabe는 주로 연예인을 선망하거나 흉내 내는 사람의 뜻이라서, 짝퉁 연예인이나 연예인 지망생 정도에 해당된다. 한국어에서는 '워너비'의 말뜻이 묘하게 뒤집혀, 패션, 스타일, 몸매 따위의 롤모델이 되는 유명인이나 연예인을 뜻한다. 또는 예컨대 여자들의 워너비가 남자 연예인인 경우가 있듯이, 애인이나 이성으로서의 이상형도 되고, '워너비 아이템'처럼 갖고 싶은 물건을 뜻하기도 한다. 이런 말들은 아직 표준어도 아니고, 영어를 잘 아는 한국 사람들은 꺼리는 용법이다.

그런데 '팔방미인(八方美人)'이 원래는 일본어 용법처럼 '누구에게나 잘 보이도록 처세하는 사람'을 낮잡는 말이었다가 이제는 '여러 방면에 능통한 사람'을 칭찬하는 말로 바뀌었듯이, 원래 말이란 구르고 구르다가 뜻도 바뀌는 게 당연하다. 이렇듯 콩글리시는 계속 만들어지고 있으며, 앞으로도 늘어날 것이다. 무작정 막기보다는 잘 굴리는 게 상책이다.

괴테의 말대로 외국어를 모르는 사람은 자기 언어도 모른다 (Wer fremde Sprachen nicht kennt, weiß nichts von seiner eigenen). 한국어만의 특징도 있으나, 다른 언어들도 함께 살피면 인류의 언어가 얼마나 보편성을 띠는지 알 수 있다. 외래어나 콩글리시도 한국어와 영어라는 좁은 틀 안에서만 보면 그냥 잘못 쓰는 영어라는 시각에서 벗어나기 힘들다. 한국어 안에도 여러 요소가 있다. 다양한 언어를 거친 낱말도 많다. 오렌지는 그저 영어 orange와 발음이 다른 것이 아니라, 타밀어, 산스크리트어, 페르시아어, 아랍어, 스페인어, 프랑스어, 영어, 일본어를 거쳐 온 수많은 언어의 발자취가 그 안에 담겨 있다.

콩글리시는 세계 여러 언어와의 접점도 있다. '우유팩'은 영어로 milk carton이므로 여기서 '팩'은 콩글리시인데, 네덜란드어 melkpak(melk우유+pak팩)과 같은 표현이다. '아파트'처럼 프랑스어도 appartement를 잘라 appart라고 하고, '슈퍼'처럼 네덜란드어 (supermarkt)와 스페인어(supermercado)도 뒤쪽을 잘라 super라고 한다. 영어 camping과 car를 조합한 '캠핑카'는 아마도 일본어 キャンピ

ングカ-(kyampinggu kā)를 거쳐 한국어에 들어왔겠지만, 우연히 프랑스어도 camping-car로 얼개가 같다. 영어는 motorhome이나 camper라고 한다. 한 언어 안에는 여러 언어의 영향이 여러 층위로 자리 잡는다.

여러 언어의 교차 덕분에 딴 언어에서도 콩글리시와 비슷한 말이 보인다. '추리닝' 또는 '트레이닝복'이라 불리는 운동복은 영어에서 training이 안 들어가고 tracksuit라 하는데 루마니아어 trening, 스웨덴어 träningsoverall처럼 영어 training을 변용시킨 말을 쓰는 언어도 있다. 콩글리시는 외롭지 않다.

콩글리시 지적에서 단골로 등장하는 말들 중에는 실제로 콩글리시가 아닌 말도 많다. '에어컨(표준표기)/에어콘'을 영어로 air con이라 하면 못 알아들으므로, air conditioner, air conditioning 또는 줄이더라도 AC라고 해야 한다는 것이다. 영어 air conditioner 또는 air conditioning은 많은 언어에서 여러 방식으로 줄여서 부르며, airco(네덜란드어), aircon(한국어, 일본어, 말레이어, 타갈로그어), aircondition(덴마크어, 노르웨이어, 태국어) 등이 있다. 이 가운데 air-con, aircon은 옥스퍼드 영어 사전에도 나오며, 영어가 공용어 또는 민족간 공통어인 나라에서도 꽤 쓴다.

영어 모어 화자 소수, 제2언어 화자 상당수: 홍콩, 말레이시아, 브루나이, 싱가포르, 필리핀

영어 모어 화자 다수 또는 상당수: 영국, 아일랜드, 호주, 뉴질랜드 남아공

일본어 エアコン(eakon)이 한국어 '에어컨'이 되었을 텐데, 영국 영어 및 동남아 언어의 air con은 따로 생긴 것인지 어떤 영향 관계인지는 확실치 않다. 세계적으로 aircon보다는 덜 퍼진 handphone도 한국, 말레이시아, 싱가포르, 필리핀 등지에서 쓰는데, 한국어의 영향인지 각자 따로 생겼는지는 불분명하다. 에어컨을 영어로 air con이라 했을 때 금방 못 알아들을 영어권 사람은 대개 캐나다나 미국 출신이다.

영어 섞기는 많은 언어에서 나타난다. 한국에서는 패션 잡지의 영어 혼합 문체가 지탄 및 조롱도 받지만, 사실 전문 분야에서 영어를 그대로 섞는 일은 매우 흔하다. 규범적으로는 바람직하지 않지만, 언어는 제자리를 지키는 고체보다는 요동치는 액체에 가까워 틀에 잠시만 가둘 수 있다. 외래어로서 콩글리시는 영어라는 외국어를 마구잡이로 섞는 것과는 좀 다른 문제다. '핸드폰'과 '파이팅'처럼 한국어 안에 녹아들어 그 나름의 자리를 차지하는 주요 요소로서 바라보려는 것이다. 물론 순수한 언어를 좇는 사람들의 눈에는 둘 다 매한가지로 보일지 모른다. 하지만 어떤 언어와 문화든 만남을 통해서 더욱 다채롭게 발전한다는 것을 감안하면 닫힌 마음보다는 열린 마음으로 보는 쪽이 낫겠다. 들어오면 다 재

산이다. 20세기 중반 이후로 확실히 영어에 주도권을 빼앗긴 프랑스어도 영어의 침투를 막는 데 갖은 노력을 기울였으나, 문화의 흐름이 인위적으로 바뀌지는 않는다. 프랑스어는 유명인을 일컬을 때 영어 people의 차용어도 쓰는데, 시쳇말로 '셀럽'과 같다. 영어 people의 어원은 프랑스어 peuple이다. 이렇듯 언어들은 서로 주거니 받거니 하게 마련이다.

콩글리시는 영어 교육이나 외국인과의 영어 커뮤니케이션에 방해가 된다면서 수난을 겪는다. 하지만 몇 해 전 잠시 시끄러웠던 '어린쥐' 타령에 코웃음들을 쳤듯이, 외래어와 외국어가 다르다는 사실은 중등교육 이상을 받았거나 상식을 갖춘 이라면 다들 알고 있다. 게다가 여러 언어 사이에는 어원이 같아도 뜻이 다른 거짓짝(false friends)이 많지만, 이것들 때문에 외국어 학습이 본질적으로 방해 받지는 않는다.

오히려 교육 수준이 높음에도 불구하고 외래어와 외국어를 제대로 구별 못하는 경우가 왕왕 보인다. 대표적인 사례로 대한화학회가 주도한 화학용어의 영어식 변경을 들 수 있다. 예컨대 요오드, 부탄, 메탄, 비닐은 영어에 가까운 아이오딘, 뷰테인, 메테인, 바이닐이 되어 버렸다. 한국어의 화학용어는 단순히 영어를 잘못 쓴 콩글리시가 아니라, 대개 그리스어나 라틴어를 기반으로 하여 독일어와 일본어를 거쳐 들어왔다. 따라서 철자와 발음의 간극이 큰 영어에 바탕을 두기보다는 기존 방식이 오히려 많은 언어와 더 잘 들어맞는다. 독일어, 프랑스어, 러시아어, 일본어 모두 '메탄'과 가까운 발음이다. 영어 [mɛθeɪn]은 한글 표기대로는 '메세인'이니 '메테인'은 참 어정쩡할 뿐이다. 나라 이름을 딴 원소명에서도 번잡스러움이 잘 드러난다. 독일의 라틴어 명칭 게르마니아(Germania)에서 따온 게르마늄은 저마늄이 됐지만, 영어는 [dʒɚˈmeɪniəm](저메이니엄)이다. 프랑스(France)에서 따른 프랑슘은 놔뒀으나, 영어는 [ˈfrænsiəm](프랜시엄)이다. 프랑슘보다는 게르마늄이 사람들에게 더 익숙할 텐데, 왜 군이 게르마늄만 바꿨을까? '비타민'은 미국 발음대로 '바이타민'으로 쓰는 게 옳을까? 영국식 발음이 [vɪtəmɪn]이라는 것을 군이 안 들먹이더라도 '비타민'은 이미 한국어 낱말일 뿐이다.

국제학회에서 영어라는 외국어를 쓰는 것과 한국어 안에서 외래어를 쓰는 것은 다른 차원의 문제이다. 이걸 헷갈린 것이고, 국립국어원은 제대로 대응하지 못했다. 할로겐, 게르마늄 같은 용어도 일상에서 왕왕 쓰므로 전문용어와 일상용어의 경계가 늘 뚜렷하진 않다. 이미 일상적으로도 쓰는 말을 전문가의 오판과 독단으로 바꿨으니 재고할 여지가 많다. 메테인이나 저마늄을 군이 좋게 보자면 영어 발음을 그대로 따라 하지는 않은 절충주의라 할 수는 있겠다.

어느 언어든 접촉을 통해 차용어가 생기면 소리나 뜻이 원어와 달라지게 마련이다. 영어 blitz(기습, 물량공세)와 resume(이력서)

는 독일어 Blitz(번개)와 프랑스어 résumé(요약)가 어원이고, 일본어 '가라오케'와 '가라테'는 영어에서 캐리오키[kæ.riʹoʊ.ki]와 커라티 [kəʹrɑː.ti]에 가까운 발음이다. 물론 대개의 미국인은 원어의 뜻과 발음에 개의치 않는다. 한국의 한자어가 중국이나 일본과 다르다고 해서 콤플렉스를 느끼는 사람도 거의 없다.

그런데 정규 교육을 받은 한국인 상당수가 어느 정도 영어 지식이 있다 보니, 일상적인 외래어조차 드물지 않게 영어를 잣대로 삼게 된다. 화학용어의 사례에서도 잘 드러나듯이 다른 서양 언어가 기원인 것을 모르고 영어 발음과 다르다는 것만으로 콩글리시로 오해한다. 또한 이를테면 아르바이트(부업)는 어원인 독일어 Arbeit(일, 노동)보다 뜻이 좁아졌는데, 이를 모르거나 도리어 콩글리시로 착각도 한다.

5. 콩글리시 콤플렉스를 넘어서

지금까지 외래어나 콩글리시를 다루는 논의나 책은 외래어를 순화하자거나 잘못된 영어를 바로잡고 올바른 영어를 쓰자는 식의 계도가 대부분이었다. 물론 이 둘의 효용이 전혀 없었던 것은 아니다. 훈민정음 창제로만 따지면 거의 육백년이 다 돼 간다. 하지만 그 뒤로도 공적 영역에서는 한문을 썼기 때문에, 한국어는 실제로 모든 영역에서 글말로 쓰인 지 백년 남짓밖에 안된다. 따라서 문자 언어에 새겨진 시간의 두께가 여러 주요 언어와 다를 수밖에 없다.

이제 한국어는 여러 영역에서 온전히 기능하는 언어가 됐다. 수동적인 방어에만 급급할 때는 지났다. 외래 요소를 쓸고 청소해서 버리기보다는 그것을 받아들여 한국어를 더욱 다채롭게 꾸밀 줄도 알아야 할 때가 왔다.

외국어로 영어를 습득하고 사용하는 사람도 많다. 영어권 안에서도 비판 받는 표준 영어라는 좁은 잣대를 들이밀 때도 지났다. 한국어 안에 있는 외래어나 콩글리시도 세계의 다른 언어들과 여러 모로 관련을 맺고 있다. 외래어나 콩글리시도 한국 근현대사의 문화유산이며, 우리가 모르는 사이에 수많은 언어와 뿌리를 함께한다. 순수한 문화나 언어는 존재하지 않는다. 수많은 외래 요소들로 이뤄져 있는 영어와 일본어가 스며든 한국어는 국적 불명이 아닌, 오히려 바로 그런 것들을 짬뽕시켜 한국적인, 색다른 맛을 내뿜는다. 영어가 세계에 널리 퍼진 것은 외래 요소의 수용 면에서 매우 포용력이 넓기 때문이기도 하다.

영어를 비롯한 외국어로 번역되는 한국 소설이 점점 늘고 있다. 거기 쓰인 콩글리시는 영어 낱말로 다시 옮겨진다. 예컨대 '마트'는 big-box store 또는 상황에 따라 그냥 market으로 번역된다. 영어 mart도 시장, 상점을 뜻하지만, 고유명사 월마트(Walmart)처럼 상호의 일부로 주로 쓰인다. 반면에 한국어 '마트'는 그런 고유명사에서 따와 일반명사인 대형할인점 또는 대형소매점을 일컬으므로 차이가 생겼다. 한국어를 배우거나 구사하는 외국인도 이제 콩글리시를 자연스레 섞어 쓴다. 그것도 한국어를 이루는 성분이기 때문이다. 그들이 영어 발음 또는 어휘를 쓴다면 아직 한국어를 제대로 못하는 것이다. 마찬가지로 한국인끼리 말하는 한국어에 들어가는 콩글리시는 아무 문제가 없고, 한국인이 외국인과 영어로 말할 때 콩글리시를 섞으면 의사소통이 안될 수 있는 것이다. 영어를 잘하고 싶다면 아예 한국어 어휘를 몽땅 영어로 바꿔야 할까? 당연히 아니다.

언어는 역사적 연속성을 지니고 있으면서도 사회에서 받는 압력이 시대마다 다르다. 때로는 순식간에 모양새가 바뀌기도 한다. 20세기 초반의 유럽 언어들은 지금과 그렇게 큰 차이가 없어 보이지만, 한국어는 그렇지 않다. 한국어는 20세기부터 글말로서 본격적으로 쓰였기에, 세계 주요 언어와 견주어 역사가 짧은 편이다. 따라서 한국의 사회경제적 발전과 비슷하게 언어의 표준화도 여러 과정을 단기간에 압축적으로 겪었다. 혹시 앞으로 영어든 콩글리시든 차용어 어휘가 폭발적으로 증가한다면, 또다시 엄청난 변화가 생길지도 모른다. 물론 언어 공동체가 명시적으로든 묵시적으로든 합의한 표준어의 힘도 여전히 있으니, 그냥 방치되지는 않을 것이다. 앞날을 내다볼 수는 없겠지만, 변화가 일어나더라도 점진적인 방향이 나을 것이다.

이와 더불어 당분간 영어의 힘이 쭉 커질 테니 한국어의 외래어도 영어에 더욱 가까워질지 모른다. 그것도 자연스러운 흐름이다. 다만 우리가 지금 쓰는 말들에 괜히 주눅들거나 애먼 메스를 댈 까닭은 전혀 없다는 점을 짚고 넘어가고 싶다. 영어만 바라보거나 외래어나 콩글리시를 무조건 없애는 것은 바람직한 방향이 아니다. 영어가 세계 공통어가 된 것은 규범이나 순화에 매달리기보다는 오히려 여러 변용과 수많은 외래 요소를 받아들이는 포용력이 컸기 때문이다. 영어만 그런 것이 아니다. 역사를 통해 포용력이 큰 언어일수록 다채로운 문화를 뽐내 다른 언어와 문화에 영향을 줬다. 다른 한편 이제 영어는 모어 화자보다 외국어로 쓰는이가 훨씬 많다. 자연스레 영어학 연구자뿐 아니라 영어권 일반인 사이에서도 영어의 다양성 논의가 점차 활발해지고 있다.

한국인도 영어 강박에서 벗어나 한국인끼리는 자연스럽게 콩글리시 어휘를 쓰면 되고, 외국인을 대할 때는 소극적인 자세보다공격적으로 영어를 쓰되 협력적으로 세계와 소통하면 된다. 혹시상대가 콩글리시를 못 알아듣는다면 당황하지 말고 가르쳐 주면된다. 굽실대지도 으스대지도 말고 서로서로 배우며 상대방의 말을 더 잘 들어 보겠다는 교감이 중요해지는 시대라고 본다.

2010년대 들어 더욱 널리 퍼진 콩글리시인 피지컬(체격, 몸집, 몸매), 멘털/멘탈(정신력, 정신상태), 비주얼(사람의 외모, 얼굴, 사물의 외관, 외양)은 영어 명사 physical(신체검사), mental(정신질환자〔드문 용법〕), visual(영상/시각 정보/자료, 사진, 화면, 장면)과 뜻이 다르다. 케이팝을 비롯한 한국 대중문화의 발전 덕에 한국어를 익히는 사람이 늘면서 콩글리시 낱말들도 퍼지게 됐다. 인터넷에서 K팝을 언급하는 영어 글은 hot, good body/voice and visuals, jaw-dropping, stunning, doll-like, gorgeous, heart-stopping visuals 같은 표현이 자주 보인다. 무대나 뮤비의 장면에 관한 것도 있으나, 보통은 K-pop 스타의 외모나 스타일을 일컫는다. '(멋진) 영상→장면→모습→외모'로 의미가 확대되는 게 그리 어려운 일은 아니다. 그러므로 작성자의 국적을 따지기보다는, 콩글리시가 이렇게 '본토' 영어의 지평도 조용히 한 뼘씩 넓히고 있다는 데 방점을 찍어야겠다.

마침 올해 2021년 9월 옥스퍼드 사전 업데이트에서 한국어 외래어가 무려 스무남은 개나 새로 등재됐다. 글로벌화된 한국 대중문화 팬들 사이의 공통어로도 중요한 구실을 하는 영어에 한국어가 섞이지 않을 수 없음을 반영한 것이다. 김밥(kimbap), 불고기(bulgogi) 등 한국 음식 이름을 비롯해 먹방(mukbang), 대박(daebak) 같은 21세기 신조어부터 심지어 파이팅(fighting), 스킨십(skinship) 같은 콩글리시(Konglish)까지 넓은 범위를 포괄한다. 이것만 갖고 한국어가 영어에 미치는 영향이 눈에 띄게 커졌다고 하면 성급한 판단일 것이다. 하지만 우리가 이제 한국어와 영어와 콩글리시를 좀 더 새로운 각도에서 바라볼 필요가 있음을 시사한다.

21세기 한국어는 콩글리시도 품에 안으며 이제 쉽게 무너지지 않는 멘털과 튼튼한 피지컬과 멋진 비주얼을 갖춘 언어로 점점 변모하고 있는 게 아닐까?

유튜브에 나타나는 한글 키네틱 타이포그래피의 시각적 특성

신은혜(한양대학교 교수)

1. 머리말

인쇄 매체, TV, 라디오 등에 의존했던 정보 전달은 1991년에 인터넷이 등장한 이후 컴퓨터를 활용한 미디어를 발판으로 급격하게 성장하였다. 이러한 뉴 미디어의 변화는 타이포그래피에도 영향을 주게 되었다. 단순히 읽는 문자의 시각적 정보 전달 기능에서 움직임을 통한 시간, 공간적 표현이 추가됨으로써 새로운 시각 문화가 형성되는 배경이 되고 있다. 새로운 표현양식으로서 키네틱 타이포그래피는 최근 영상 이미지를 산출하는 기술과 과학의 발전에 힘입어 눈에 띌 정도로 대중화되어 있다.[01]

---

01. 우경훈, 〈키네틱 타이포그래피(Kinetic Typography)의 표현 주제와 표현 방식 간의 연관성 고찰: 카일 쿠퍼(Kyle Cooper)의 영화 타이틀에 사용된 키네틱 타이포그래피를 중심으로〉, 《디지털디자인학연구》 11(3), 2011, 3쪽.

미디어에서 사용하는 언어는 곧 키네틱 타이포그래피로 표현된다. 이러한 미디어의 특성과 미디어 안에서의 다양한 키네틱 타이포그래피의 사용 환경과 맥락을 고려하여 한글 키네틱 타이포그래피의 규범성을 새롭게 설정할 수 있어야 한다. 여기서는 다양한 유튜브 영상의 이미지나 크리에이터들의 목소리, 그리고 각기 다른 환경에 따라 한글 키네틱 타이포그래피가 표현되는 형태를 파악하려 한다.[02]

본 주제의 키워드는 한글 키네틱 타이포그래피, 유튜브, 시각적 특성이다. 키네틱 타이포그래피의 개념과 특징들을 살펴본 다음 한글에 키네틱 타이포그래피라는 것이 어떻게 적용되었는지, 그리고 유튜브에서 나타나는 시각적 특성과 커뮤니케이션으로서의 역할을 알아보고자 한다.

2. 유튜브와 키네틱 타이포그래피

1) 유튜브 영상물의 개념 및 현황

유튜브(YouTube)는 당신을 뜻하는 'You'와 텔레비전을 뜻하는 'Tube'를 합친 단어이며, 동영상을 누구나 업로드하거나 볼 수 있는 1인 미디어 사이트이다. 즉, 내가 원하는 것을 골라볼 수 있는

---

02.   반경희, 〈방송 자막을 활용한 한국어 의사소통능력향상 방안 연구〉, 《언어학연구》 35, 2015, 160쪽.

텔레비전이라는 것이다. 2005년 출범한 이후 오늘날 가장 빨리 성장하는 인터넷 사이트이자 뉴미디어 환경이고 가장 널리 사용되는 플랫폼이며 우리나라에서는 2008년부터 서비스를 시작했다.[03]

그렇다면 유튜브에서의 시각적 표현 요소는 어떠한 것이 있을까? 크게 다섯 가지로 정리할 수 있다. 동영상 TV를 가리키는 메타포, 그리드 시스템을 사용해 실행화면의 크기를 강조할 수 있는 레이아웃, 사회관계망 형성과 동영상 공유를 가능하게 해주는 인터렉션, 배경색 또는 동영상의 다양한 컬러, 사용자가 업데이트하는 그래픽을 말한다.

유튜브는 다양한 연령층, 다양한 주제의 콘텐츠를 중심으로 현재 우리나라 사람들이 사용하는 앱 사용 시간 조사에서 상당히 상위를 차지하고 있다. 스마트폰의 대중화와 빠른 인터넷 속도, 퀄리티 좋은 영상 장비, 다양한 영상물 편집 프로그램의 보급 등이 유튜브의 성장 배경이 되었다. 따라서 누구나 쉽게 동영상을 촬영하고 편집한 다음 자유롭게 업로드할 수 있는 것이다.[04]

반면에 지상파 TV의 영향력은 점점 줄어들고 있다. 일부 지상파 TV 프로그램들이 유튜브의 이러한 시각적 표현 요소의 장점과 수익성을 활용하기 위해 유튜브에서 새롭게 재창조되면서 희망을 찾는 모습도 볼 수 있다.[05]

---

03. 변현진, 〈유튜브 콘텐츠의 제작·이용 환경 특성과 인기 채널 분석 및 함의점 고찰〉, 《조형미디어학》 21(4), 2018, 229쪽.

04. 변현진, 〈유튜브 콘텐츠의 제작·이용 환경 특성과 인기 채널 분석 및 함의점 고찰〉, 《조형미디어학》 21(4), 2018, 231쪽.

05. www.ize.co.kr(2019.09.26).

2) 타이포그래피의 개념

타이포그래피라는 것은 사전적 의미로 미적 가치를 위해 글자(타입)를 이용한 모든 디자인을 말한다. 타이포그래피란 용어는 '타이포스(Typos)'라는 그리스어에서 비롯되었다. 초기 타이포그래피의 의미는 인쇄로 문자의 의미를 전달하는 것을 의미[06]하였지만 산업혁명 이후 인쇄적인 의미에서 디자인적인 의미로 확대된 것이다. 최근에는 문자의 배열상태를 칭하는 경우가 많고, 나아가서는 레이아웃이나 디자인 등을 의미한다. 예를 들자면 서체를 이용해 책표지나 포스터 디자인을 할 수도 있고, 타입(글자)을 중심으로 화면을 구성할 수도 있다. 이런 모든 그래픽 디자인을 타이포그래피라고 한다.

3) 키네틱 타이포그래피의 개념 및 특성

다음으로 키네틱 타이포그래피는 키네틱 아트에서 가져온 용어로 '움직임'을 의미하는 '키네시스(kinesis = movement)'와 '키네틱(kinetic = mobil)'이라는 그리스어를 어원으로 두고 있다.[07] 키네시스는 무브먼트라는 뜻이고, 키네틱은 모빌을 뜻한다. 키네틱은 '운동의', '운동에 의한'이란 뜻을 가지고 있어, 한마디로 예술로서의

---

06. 〈키네틱 타이포그래피의 커뮤니케이션 전달방법에 관한 연구〉, 59-68쪽.

07. 홍승완, 〈키네틱 타이포그래피의 역사적 배경과 특징에 관한 연구〉, *Journal of Natural Science*, 11(1), 2004, p.2.

사전적인 의미로는 '움직임의 미술'로 정의된다. 역사를 찾아보면 1913년 마르셀 뒤샹(M. Duchamp)이 자전거 바퀴를 사용하여 제작한 '모빌'이라는 조각에서 연원을 찾을 수 있다. 이어서 나움 가보(Naum Gabo)의 '키네틱 조각'이라는 작품 발표로 인해 키네틱 아트라는 새로운 장르가 시작되었다.

이렇게 키네틱 타이포그래피는 키네틱 아트를 모티브로 삼고 있다. 디지털 매체가 등장하면서 새로운 타이포그래피 방법이 모습을 드러냈는데, '타입'에 크기와 중량, 간격들을 혼합하여 공간과 시간, 스피드, 소리, 테크놀로지 등과 결합한 표현 형태이다.[08] 이 키네틱 타이포그래피는 타입의 시간에 따른 움직임에 초점을 맞춰 '무빙 타이포그래피'(moving typography) 또는 '모션 타이포그래피(motion typography)'라 불리기도 한다.

크기, 중량, 간격이 '타입(Type)'에 배합되어 '타이포그래피'가 되었고, 공간과 시간, 스피드와 소리, 그리고 테크놀로지 등이 혼합되어 '키네틱 타이포그래피'가 탄생한 것이다. 이렇게 타이포그래피에 다양한 인터랙티브(interactive)한 요소들이 혼합되어 미디어에서 움직임을 가지게 됨으로써 메시지를 구체화하고 시각적, 청각적 이미지를 표현하게 되었다. 즉, 표현하려는 대상이 움직임을 갖게 되고, 보는 이들에게 좀 더 효과적으로 시선을 유도하며 주목성을 갖게 되면서 커뮤니케이션의 효과가 높아지게 되는 것이다.

이러한 주목성을 갖는 키네틱 타이포그래피의 표현 요소를 알

---

08. 김재현, 조민정, 〈뮤직비디오 속 키네틱 타이포그래피의 수용성에 관한 연구〉, 《브랜드디자인학》 9(2), 2011, 99쪽.

아보기 위해 요소, 특징, 속성별로 구성을 세분화하였다.

키네틱 타이포그래피의 요소로는 공간, 시간, 사운드를 이야기할 수 있다.

첫 번째 요소인 공간은 조형의 기본요소이며, 디지털 미디어에서의 공간은 사각형 프레임에 한정되어 있다. 주로 색상과 명암의 대조로 구분되며, 타입과 바탕의 대조 차이가 크게 날수록 타입이 더욱 진출하거나 후퇴해 보인다. 그림에서도 이러한 기법을 적용하기도 하는데 멀리 있는 산을 흐리게, 가까이 있는 산은 진하게 표현하는 것을 예로 들 수 있다.

두 번째로 키네틱 타이포그래피에서는 시간의 흐름이 시간의 이동, 변화, 운동성을 나타낸다. 표현 방법은 속도를 빠르게 하거나 움직임을 느끼지 못할 정도로 느리게 하는 방법이 있다. 또한 시간이 거꾸로 흐르는 것과 같은 자유로운 표현도 가능하다.

세 번째로 키네틱 타이포그래피뿐 아니라 전반적인 영상 작업에서도 영상과 사운드는 서로에게 아주 민감하게 작용하기 때문에 섬세한 작업이 필요하다. 사운드에는 기본적으로 음악과 그 외의 효과음, 자연현상의 환경음, 내레이션이나 대화가 포함되는 음성 등이 있다. 이러한 효과로 리듬과 템포를 느낄 수 있다.[09]

키네틱 타이포그래피의 특징을 세분화해 보면 운율성, 연속성, 시간성, 역동성을 볼 수 있다.

첫 번째로 운율성에서 키네틱 타이포그래피는 음성과 문자언

09.   서형남, 〈웹사이트에서의 타이포그래피 디자인에 관한 연구: 키네틱 타이포그래피 중심으로〉, 2007.

어를 컴퓨터를 이용해 모두 통합한 것이라고 볼 수 있다. 이런 운율적 요소들은 억양, 강조, 휴지, 리듬, 템포 그리고 크기 등으로 규정하고 있다.[10] 일반적으로 정적인 타이포그래피만으로는 전달하기 힘들어도 키네틱 타이포그래피는 음성을 더 충실하게 그리고 효과적으로 보여주는 기능을 제공할 수 있다.

두 번째로 연속성에서 키네틱 타이포그래피의 동적 효과는 디지털 매체의 출현으로 더욱 용이해졌다. 한 번에 한 단어씩만 등장시켜서 표현할 수도 있고, 보는 이들의 눈을 한 곳에 고정시켜 연속적으로 텍스트를 보여주는 방법도 있다. 이런 표현 방식은 텍스트의 표현력을 높여주고, 많은 양의 텍스트를 작은 화면상에서 효과적으로 표현할 수 있다.[11]

세 번째로 시간성은 스타일이나 글자의 크기 조절 등을 이용해서 형태에 애니메이션 효과를 주기도 한다. 또한 리듬과 템포를 조절하여 스토리에 적합한 의미를 만들어 낼 수 있는 것이 특징이다.

네 번째로 역동성으로 인해 키네틱 타이포그래피를 통해 감정을 표현하고, 간단한 동작부터 달리기나 점프 등의 운동성을 나타낼 수 있다. 인쇄물에서는 나타낼 수 없는 이러한 특징을 화면상에서 구현함으로써 의미를 한층 더 강조할 수 있다.

10.   김현옥, 〈타이포그래피 활용을 강조한 TV광고의 커뮤니케이션 효과에 관한 연구〉 2008.

11.   김지연, 〈모션 타이포그래피와 사운드 이펙트의 상관관계〉, 2013.

3. 유튜브 한글 키네틱의 시각적 특성

유튜브가 나타나기 이전인 1960년대부터 우리나라에서는 이미 TV 화면에서 한글 키네틱 타이포그래피를 볼 수 있었다. 이후 1990년대 후반까지도 한글 키네틱 타이포그래피는 뉴스와 시사 프로그램에서 시작되어 방송 내용을 정리하거나 요약해 주는 정보 전달의 보조 기능에 불과하였다.[12] 2000년대의 TV 영상물에서는 오락적 요소들이 가미되기 시작하였고, 자연스럽게 유튜브에서도 한글 키네틱 타이포그래피의 영역이 커지게 되었다. 영상 속에서의 키네틱 타이포그래피의 유형은 정보전달형과 흥미유발형으로 크게 분류해 볼 수 있다.

정보전달형은 시청자의 이해를 돕기 위한 기본적인 정보, 부가정보 및 세부정보 등을 포함하고, 영상 자막으로 출연자의 약력 등을 소개한다. 또한 영상 속의 코너나 게임 등을 설명하고, 음성정보의 전달에 문제가 있을 경우 상황을 설명하거나 정보를 제공한다. 예를 들면 노래 가사나 제목 등이 포함되기도 한다.

흥미유발형은 들을 수 없는 소리가 아닌데도 불구하고 출연자의 대사를 그대로 인용하거나 출연자의 감정을 추측하고 예상하여 출연자의 의도와 상관없이 표현하기도 한다. 즉 연출자의 생각이 개입되어 상황이 묘사되거나 평가되고, 흥미, 관심을 유발하기 위한 각종 기호나 그림 등이 포함된다.

---

12. 반경희, 〈방송 자막을 활용한 한국어 의사소통능력향상 방안 연구〉, 《언어학연구》 35, 2015, 165쪽.

키네틱 타이포그래피 요소, 특징의 구성별 세분화 요소들이 위와 같은 유형으로 나타나면서 유튜브의 한글 키네틱 타이포그래피의 활용은 더욱더 다양해지고 의미 전달의 효율성을 극대화하게 되었다.

그렇다면 유튜브에서 나타나는 한글의 키네틱 타이포그래피는 어떠할까? 유튜브에서 나타나는 한글의 키네틱 타이포그래피를 앞서 나열했던 속성과 특징에 바탕해 세 가지로 축소하여 타이포의 크기, 타이포의 변형, 타이포의 속도로 분류하였다.

1) 타이포의 크기

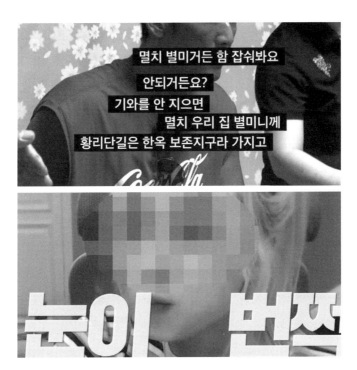

출처: www.유튜브.com(2019.12.20).

사람의 대화 속에서 나타나는 운율성과 사운드는 의사소통과
개인의 성향을 나타낼 수 있는 가장 기본적인 도구이다. 하지만
이것이 정보 전달만으로 쓰이는 것이 아니라, 다양한 준언어적 요
소들을 전달하기도 한다. 즉, 메시지의 내용에 따라 소리의 크기
를 바꿔가면서 메시지를 전달한다.[13] 유튜브에서 크리에이터가 말
하는 어조와 목소리, 사물의 소리의 크기에 따라 한글 키네틱 타

---

13.   황보명, 한의진, 〈목소리로 연상되는 이미지에 관한 연구〉, 《언어치료연구》
24(4), 2015, 249쪽.

출처: www.유튜브.com(2019.12.20).

이포그래피가 변화하게 되는데, 큰 목소리의 경우 화면을 가득 채울 정도로 타이포의 크기가 변화하는 것은 가장 직접적 표현 중의 하나이다. 반대로 작은 소리로 대화하는 표현은 마치 SNS에서 대화를 주고받듯이 작은 키네틱 타이포그래피들이 화면에 채워지듯 표현된다.

이같이 영상물에서 자신의 의사나 정보를 전달할 때, 대화에서 나타나는 운율성 또는 목소리의 높낮이와 영상의 소리(sound) 크기에 따라 표현되는 방법이 달라지는 것을 한글 키네틱 타이포그래피를 통해 다양하게 보여준다. 웃음소리 또한 이에 해당한다. 이때는 한글의 분절 효과도 함께 표현되며 'ㅋ'이 많을수록 더 '재미있다'는 느낌을 주기 때문에, 작은 크기의 'ㅋ'이 화면 가득 채워지게 표현되기도 한다.

2) 타이포의 변형

앞서 말했듯이 대화의 운율성과 사운드는 말하는 사람의 태도 및 상태를 전달하는 데 중요한 역할을 한다. 이러한 다양한 감정들은 목소리 음성의 특징으로 분석된다. 분노나 놀람 또는 공포를 느끼면서 목소리의 음색, 높낮이, 말하는 속도가 달라지고 표현에 큰 차이가 난다.[14] 음성의 높낮이가 한글 키네틱 타이포그래피에 적용되어 문장이 물결치듯 움직이는 타이포의 변형으로 표현된 예를 찾아볼 수 있다.

출처: www.유-튜브.com(2019.12.20).

14.　하주현, 〈목소리 표기 체계를 기반으로 한 감정 전달: 키네틱 한글꼴 '보이스폰트'를 중심으로〉, 《디자인융복합연구》, 2018, 36쪽.

출처: www.유튜브.com(2019.12.20).

또한 글자의 형태를 '크다' 또는 '적다'는 단어의 뜻에 맞춰 한 글 키네틱 타이포그래피도 함께 움직이며 타이포가 변형되었다. 그리고 크리에이터가 말하는 문장에서 강조하려는 단어들에 타이 포의 크기나 컬러(Color), 두께를 주어 이미지에 맞는 형태로 변형 되고 움직이기도 하였다.

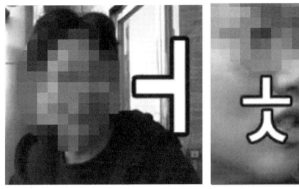
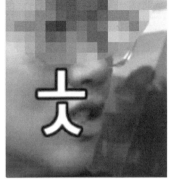

출처: www.유튜브.com(2019.12.20).

키네틱 타이포그래피의 요소들은 영상 속에서 계속 변화하고 디자인적 의미가 풍부하게 변화하기 때문에 일종의 의미가 있는 단어들로 시각적 분절이 될 수 있다. 특히 한글의 구조적인 자소 형태는 기하학적인 형태(ㄱ, ㄴ, ㅁ, ㅅ, ㅇ 등)에 기본을 두며, 여기에 획을 더 긋거나 결합해 초성, 중성 자소가 이루어지기도 하고, 초성, 중성, 종성이 모여서 하나의 단어가 이루어진다.[15] 한글의 분절이 유튜브에서 크리에이터의 어조와 목소리에 적용되어 새롭게 나타난 한글 키네틱 타이포그래피의 사례가 많았다. 2019년 유튜

15. 박수희, 〈구조적 형태에 따른 한글 타이포그래피에 관한 분석〉, 《한국디자인포럼》 3, 1998, 79쪽.

브에서 시작되어 지금까지 유행되고 있는 형태이다.

또한 대화 속에서 뜻이 다른 두 가지 의미를 전달하려고 할 때 컬러를 다르게 표현하거나 한글과 영어의 단어와 뜻을 함께 분절시키기도 하였다. 영상과 같이 외국어 남용과 한글 파괴는 오래전부터 고민된 문제이다. 젊은층이 주로 온라인상에서 쓰는 이러한 표현은 한국 사회에서 한글 파괴 현상이 점점 심각해짐을 단적으로 보여준다.

3) 타이포의 속도

키네틱 타이포그래피의 속성 세분화에서 언급했듯이 타이포의 속도는 문장이 구현되는 속도와 감성적인 표현에서 중요한 역할을 한다. 단어들이 표현되는 속도, 지속, 멈춤 그리고 사라지고 나타남 등의 움직임을 통해 표현된다.[16] 유튜브에서 요리 크리에이터가 진행하는 요리의 재료를 전달하거나 또는 조리법을 설명하는 목소리의 시간에 맞춰 키네틱 타이포그래피가 멈춰 있도록 사용되었다. 이는 시청자의 초점에서 실제 행동에 옮길 수 있도록 하는 능동적 기능을 수행한다.

키네틱 타이포그래피가 시청자의 시각을 오랫동안 머물러 있게 하기 위해서는 정지된 것보다 움직임이 가해진 것이 더 유리한

16.　송은성, 서정자, 〈디지털 시대의 확장된 타이포그래피의 인터랙션에 관한 연구: 소리와 음악을 중심으로〉, 《기초조형학연구》 13(2), 2012, 273쪽.

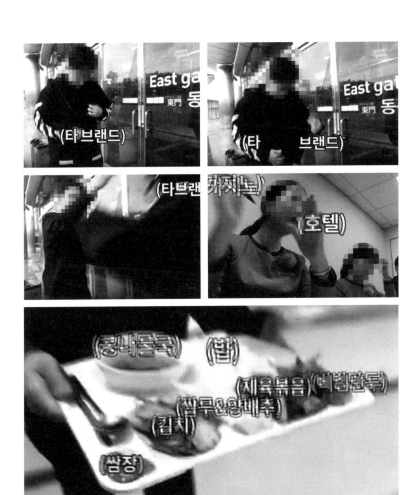

조건을 갖는다.[17] 위의 이미지의 경우 유튜브에서 크리에이터의 다급한 어조와 움직임에 맞춘 키네틱 타이포그래피가 한글의 분절

17.   장현주, 김지현, 〈키네틱 타이포그래피에서 속도감의 극대화를 위한 효과적 타입 연구〉,《기초조형학연구》4(1), 2003, 4쪽.

효과와 함께 표현되었다.

유튜브 내에서 키네틱 타이포그래피가 크리에이터의 웃음소리나 외부 소리의 속도에 맞춰 나타나는가 하면 흔들리는 움직임도 있었다. 이는 감정 표시적 기능이 시각적 특성으로 표현되어 나타난 것임을 알 수 있다. 또한 위의 이미지의 경우 크리에이터나 출연자의 빠른 말들이 영상 시간에 맞춰 똑같이 빠르고 흔들리며 움직이는 형태로 표현되었는데, 영상물에 출연하는 사람과 사물의 미세한 떨림까지 표현되었다.

효과적인 감정 표현을 위해 한글 키네틱 타이포그래피를 여러 방법의 레이아웃을 통해 보여줌으로써, 보는 이로 하여금 시각적인 즐거움을 얻게 하고 감정 전달을 강화하였다.

4. 맺음말

지금까지 국내의 유튜브에서 나타나는 한글 키네틱 타이포그래피의 시각적인 특성을 분석하였다. 타이포그래피가 영상 속의 사운드, 이미지 및 환경에 따라 한글 키네틱 타이포그래피로 표현되는 속성들을 타이포의 크기, 타이포의 변형, 타이포의 속도로 구분하여 연구를 진행하였다. 이에 따라 새롭게 나타난 시각적 특성들에 관심을 기울이고 주목해 볼 필요가 있다.

첫째, 유튜브의 화면 안에서 레이아웃이 얼마나 잘 어우러지는가에 대한 고민이 필요하다. 특히 영상물을 접할 수 있는 기기가 핸드폰에서 데스크탑까지 다양한 종류가 있다는 사실을 인식하고 글의 길이에 제한을 두거나 줄 간격의 레이아웃에 신경을 써야 할 것이다. 무엇보다 시청자 중심에서의 이해를 통한 개선이 필요하다.

둘째, 키네틱 타이포그래피의 특징은 시각적, 즉 디자인적 효과를 집약적으로 표현한다는 점이다. 또한 커뮤니케이션을 전달하는 과정을 통해 긍정적인 효과를 끌어내야 한다. 하지만 무분별한 신종 외래어의 남발로 인해 이를 오락물로 인식하고 동참하는 행위를 조심해야 한다. 셋째, 단순히 유튜브에 넣는 재미 요소라는 생각보다 좀 더 발전된 한글 키네틱 타이포그래피의 개발을 위한 디자이너의 노력이 필요하다.

커뮤니케이션에서 디자인은 중요한 역할을 수행하는데 시청자와 유튜브 출연자 사이의 연결을 돕는 일이다. 웹 디자인이라는 맥락에서 유튜브에서 커뮤니케이션은 일반적으로 '텍스트'를 의미한다. 이 과정에서 '타이포그래피'는 가장 중요한 역할을 담당하게 되며, 영상에 나타나는 모든 상황이 표현되어 '키네틱 타이포그래피'가 되는 것이다. 좋은 키네틱 타이포그래피는 읽기라는 행위를 쉽게 만들고 영상을 즐기게 만든다. 반면에 나쁜 키네틱 타이포그래피는 시청자의 흥미를 잃게 만들 수 있다.

본 발표를 통해 유튜브에서 나타나는 한글 키네틱 타이포그래피의 시각적 특징에 대한 문제점을 인지하도록 하고자 한다. 자극적일 수 있는 한글 키네틱 타이포그래피의 시각적 특성이 시청자의 인지적 혼돈을 줄이는 데 도움이 되었으면 한다. 향후 연구에서는 유튜브에서 한글 키네틱 타이포그래피의 속성을 더 세분화하고 그 효과를 살펴볼 수 있는 실험 설계가 요구된다. 또한 유튜브에서 시각적 특성을 도입해 새롭게 표현되는 한글 키네틱 타이포그래피에 대한 커뮤니케이션 효과를 보다 정교하게 측정할 수 있는 후속 연구가 필요하다.